まれる
きる
かされる

――「聞・問・開」という学び――

三帰依文 (和文)

人身受け難し、いますでに受く。仏法聞き難し、いますでに聞く。この身今生において度せずんば、さらにいずれの生においてかこの身を度せん。大衆もろともに、至心に三宝に帰依し奉るべし。

自ら仏に帰依したてまつる。まさに願わくは衆生とともに、大道を体解して、無上意を発さん。
自ら法に帰依したてまつる。まさに願わくは衆生とともに、深く経蔵に入りて、智慧海のごとくならん。
自ら僧に帰依したてまつる。まさに願わくは衆生とともに、大衆を統理して、一切無碍ならん。

無上甚深微妙の法は、百千万劫にも遭遇うこと難し。我いま見聞し受持することを得たり。願わくは如来の真実義を解したてまつらん。

【現代語訳】

　人間として生まれることは、とてもむずかしい。私は今ここに、当たり前ではない、人間としての生を受けた。仏（ブッダ）の真実の教えに会い、聞くことはとてもむずかしい。私は今ここに、その真実の教えを聞く機会を得た。

　今、この人生において、迷いからめざめることができなければ、たとえ、どれだけ生まれ変わることがあったとしても、迷いの暗闇から解放されることはない。多くの人々とともに、心の底から、仏・法・僧の三宝を信じ、敬い、生活の中心として生きることを誓います。

　私は、仏（ブッダ）を信じ、敬い、生活の中心として生きていきます。あらゆる人々とともに、仏の示された迷うことのない、心の底から安心して歩める大道を、私の歩むべき道と定め、人間を成就する大いなる心をおこします。

　私は、法（ダルマ）を信じ、敬い、生活の中心として生きていきます。あらゆる人々とともに、仏の説かれた教えを深く尋ね、海水にたとえられる無限の智慧を求めていきます。

　私は、僧（サンガ）を信じ、敬い、生活の中心として生きていきます。あらゆる人々とともに、仏の教え（道理）によって、自由で平等な人生を、尊く生きる日々を歩みます。

　この上なく奥深く、すぐれた真実の教えは、どれほどの長い年月を経ても、めぐりあうことはむずかしい。その教えに私は今、めぐりあうことができた。私はみ仏（如来）の教えの、真実の願いがほんとうにいただけるよう、聞き、問い続けていきます。

三帰依　（パーリ語） ※古代インドから伝わる言語

Buddhaṁ　saraṇaṁ　gacchāmi
ブッダン　サラナン　ガッチャーミ

Dhammaṁ　saraṇaṁ　gacchāmi
ダンマン　サラナン　ガッチャーミ

Saṁghaṁ　saraṇaṁ　gacchāmi
サンガン　サラナン　ガッチャーミ

敬虔に
（復唱法による）

Bud-dhaṁ　sa-ra-ṇaṁ　gac-chā-　mi

Dham-maṁ　sa-ra-ṇaṁ　gac-chā-　mi

Sam-ghaṁ　sa ra ṇaṁ　gac-chā-　mi

【現代語訳】

> 私はブッダを信じ、敬い、生活の中心として生きていきます。
> 私はダルマを信じ、敬い、生活の中心として生きていきます。
> 私はサンガを信じ、敬い、生活の中心として生きていきます。

目次

はじめに ……………………………………………… 7
願い　～このテキストを使うにあたって～ ……… 12

第1部　「生まれる」 …………………………… 15

第1章　生まれる ………………………………… 16
　第1節　生まれた意味 ……………………… 18
　第2節　生きる喜び ………………………… 21
　第3節　私として生きることが始まる …… 23

第2章　受け入れる ……………………………… 26
　第1節　与えられて始まった ……………… 28
　第2節　受け入れることは難しい ………… 30
　第3節　受け入れることで始まる ………… 32

第3章　聞いていく ……………………………… 34
　第1節　話を聞くことの大切さ …………… 36
　第2節　話を聞くことは難しい …………… 39
　第3節　話を聞くことで始まる …………… 42

第2部　「生きる」 …………………………… 45

第1章　生きる …………………………………… 46
　第1節　限りあるいのちを生きる ………… 49
　第2節　花びらは散っても花は散らない … 52
　第3節　ほんとうにしたいことを求めて生きる … 55

第2章　問う ……………………………………… 58
　第1節　夢がかなうとしあわせなのか …… 60
　第2節　不自由は不幸か …………………… 63
　第3節　あきらめる　～しあわせって何～ … 66

第3章　共に歩む ……………………………… 69
　　　第1節　いのちを共に生きる ………………… 72
　　　第2節　再び生まれる ………………………… 75
　　　第3節　照らされて生きる …………………… 80

第3部　「生かされる」 …………………………… 85

　　第1章　信じる ………………………………… 86
　　　第1節　見えないものを見る ………………… 90
　　　第2節　罪と向き合う ………………………… 94
　　　第3節　いのちと向き合う …………………… 98

　　第2章　悲しみから開かれる ………………… 102
　　　第1節　愛する ………………………………… 105
　　　第2節　認め合う ……………………………… 109
　　　第3節　開かれる ……………………………… 114

　　第3章　生かされる …………………………… 118
　　　第1節　出会う ………………………………… 122
　　　第2節　いのちがあなたを生きている ……… 126
　　　第3節　生かされて生きる …………………… 131

おわりに …………………………………………… 137

はじめに

はじめに

　私たちの学校にある「宗教」の授業は、「宗教を学ぶ」時間ではありません。「宗教に学ぶ」時間です。では、いったい何を学ぶのでしょうか。

　長年にわたり、真宗大谷派関係学校で人間教育に取り組んだある校長先生は、教育を「付加価値教育」と「本体価値教育」の二つに分けて考えることを大事にされました。「付加価値教育」とは「今の私に付け足す学び」です。「本体価値教育」は、何かを付け足そうとしている「私そのものに関する学び」です。どちらも大事な学びです。

　皆さんが学んでこられた歩みを振り返った時、勉強といえばその時々の私に付け足すことに重きをおいてきたとするなら、一度この辺で立ち止まりませんか。そして、新しい知識や技術や考え方を付け足す前の「今の私」に目を向けてみましょう。

　自分について学ぶということは、家にたとえると基礎工事にあたります。地中深く、目に見えないところにある基礎が不十分では、いくらきれいな建物をその上に建てても、安心して住むことはできません。

また、樹木にたとえると、根っこにあたります。大きな樹木に育つには、やはり目に見えないところでしっかりと張(は)られた根が必要なのです。根がしっかりしていないと、幹も葉も花も果実も、満足に育たないのです。

フランスの哲学者シモーヌ・ヴェイユさんはこう言います。

根をもつこと、それはおそらく人間のもっとも重要な欲求であると同時にもっとも無視されている欲求である。
シモーヌ・ヴェイユ『根をもつこと』（岩波文庫）

シモーヌ・ヴェイユ
（1909－1943）
フランスの哲学者。生前は無名だったが、残されたノートが編集・出版されると、宗教・哲学・歴史など多岐にわたる深い思索(しさく)が注目され、高く評価された。

聞・問・開1

あなたの人生を一本の樹木にたとえた時、「幹・枝・葉・花・果実」は、それぞれどんなことを意味するでしょうか。

聞・問・開2

「聞・問・開1」で考えた一本の樹木を支える「根」は、どんなことを意味するでしょうか。

付け足す学びは重要です。人生に「広がり」や「高まり」を与えてくれます。今までわからなかったことがわかった時の喜び、できなかったことができるようになった時の達成感は、さらなる学びに向かう原動力となり得ます。

しかし、「成人＝人と成(な)る」ということが私の課題となった時、付け足す前の自分について一緒

に学ぶことを大切にしたいのです。その学びは、楽しいばかりとは言えません。時には、見たくもなかった自分、認めたくない本性といったものが見えてくるかもしれません。でも、そうすることで、ようやく私の人生に「深まり」と「確かさ」がいただけ、「他の誰でもないこの私」であることを喜んで生きることが始まるのでしょう。

ただ、ここに一つの大きな問題があります。私たちの眼は外を向いています。そのためか、私たちは自分の外を見るのは得意ですが、自分の内を見ることができません。つまり、隣にいる人のことはよくわかっても、自分のことには意外と気づかないことが多いのです。

本願寺第八代の蓮如という方は次のようにおっしゃっています。

人のわろき事は、能く能くみゆるなり。
わがみのわろき事は、おぼえざるものなり。
『蓮如上人御一代記聞書』（『真宗聖典』p.1064）

他人のよくないところはすぐ気になるのに、自分のダメなところはなかなか気がつかないということです。なにも悪いところだけではありません。自分のいいところも、自分では気づくことができていないのかもしれません。

自分の姿を確かめるときに鏡が必要なように、内面も含めて私をそのまま映し出し教えてくれる何かが必要になります。中国の善導という方は、それが仏教であるとおっしゃいました。

蓮如（1415－1499）
本願寺第八代。「御文」（手紙）や、「正信偈」・「三帖和讃」のお勤めの普及により、衰退の極みにあった本願寺を再興、発展させた。その語録がまとめられたのが「蓮如上人御一代記聞書」である。

善導（613－681）
中国浄土教の僧。「称名念仏」を中心とする浄土思想を確立。『観無量寿経疏（観経疏）』を著す。浄土真宗では、七高僧の第五祖。

■はじめに

経教（きょうきょう）はこれを喩（たと）うるに鏡（かがみ）のごとし
善導『観無量寿経疏（かんむりょうじゅきょうしょ）』

【現代語訳】
経典（きょうてん）に示されている教えは、私自身を明らかにしてくれる「鏡」のようなものである。

　宗教の時間は「宗教に私を学ぶ時間」であると受けとめ、仏教を「私を映し出す鏡」としていただき、「ほんとうの自分に出会う」学びをしていきましょう。

聞・問・開3

なぜ、「ほんとうの自分に出会うこと」が大事なのでしょうか。

願い
〜このテキストを使うにあたって〜

　本書を用いて学びを進めるにあたって、「聞・問・開」という過程を大事にしていきます。

　最初の「聞」は話を聞くということです。学びは聞くことから始まるのです。ほんとうに大切な教えについて聞き、また、その教えに出会った人の話を聞いていきます。さまざまな人のさまざまな話を聞くことを通して、自分が思い込みや決めつけで生きていたことに、驚きと共に気づいてほしいのです。深く学ぶためには驚きが必要です。

　そして、聞き得たことをもとに自分を問うのです。それが次の「問」です。学びの対象はあくまでも自分です。ですから、誤解を恐れずにいうと、この宗教の時間では「世間の事・他人の事」からは少し距離を置いて、「自分はどうなんだ」という視点を忘れないようにしてください。

　最後は「開」です。学んだこと、気づいたことを仲間に向けて開いていきます。そうすることで出会い得た「自分」を仲間と共に確認していくのです。

　また、「わからない」ということを大事にしてください。「わからない」という自覚は、「わ

かった」ということよりも、時に大事だからです。ですから、「大丈夫です。私はわかっていますから」と、周囲との間に壁を作って閉じこもるのではなく、もう一度問い直すことから始めませんか。そばにいる仲間を信頼し、自分をオープンにするチャンスを大切にしてください。そうすることで、独善と孤独から開放され、お互いをわかり合える、真の仲間が生まれていきます。

　古くから伝わる「花開きて　蝶自ずから来る」という言葉は、そうした「関係の開き方」に対する基本を示しています。

　「開」の次は、また「聞」に戻ります。「聞・問・開」という流れの中に、「気づく・考える・出会う」があることを忘れることなく、皆さんと一緒に「宗教に私を学ぶ時間」を共有していきたいと願っています。

【出典】
「花開きて…」
禅語。江戸時代の禅僧、良寛の漢詩「花無心」の言葉に由来するといわれている。

聞・問・開 4

「花開きて　蝶自ずから来る」とはどういうことでしょうか。自由に話し合いましょう。

14

■第1部 「生まれる」

第1部 「生まれる」

ガンジス河の日の出

第1章 生まれる

およそ2500年前、現在のネパールにあるルンビニーという村に、一人の男の子が生まれ、ゴータマ・シッダールタと名付けられました。その男の子は、恵まれた環境に育ちますが、さまざまな出会いと別れを繰り返す中で、人間についてのほんとうのことを知りたいと願い出家します。物事をつぶさに見ては考えを深めることを通して、大切なことに気づきます。それは真理を表す「ダルマ＝法」と呼ばれました。そしてゴータマは、真理に目覚めた人を意味する「ブッダ＝仏」となりました。それは35歳のことだったと伝えられます。釈迦族出身の尊い方という意味で、「釈尊」または「お釈迦様」という名で親しまれています。

釈尊は残りの人生を、気づいたことを一人でも多くの人へ伝えることに身を捧げました。生涯、行く先々で出会う人々に「法」を説いて回ったのです。

その結果、さまざまな困難の中であっても、私が私であることを喜び、差異を認めて共に生きていこうと言える元気をもらった、たくさんの人たちが誕生していきます。

今も同様に当時も「ほんとうに大切なこと」がわからず、それぞれの思い込みと決めつけで

ゴータマ・シッダールタ
サンスクリット語（古代インドから伝わる言語。主に文語で使われた。）で Gautama Siddhārtha、パーリ語で Gotama Siddhattha。ここでは慣例に従いゴータマ・シッダールタとします。

【語句】
「ブッダ＝仏」
（真理に目覚めたお方）
「ダルマ＝法」
（仏の説く真理）
「サンガ＝僧」
（仏法をよりどころとして生きる人たち）

第1章 生まれる

生きている人が多かったのです。何のために生まれ、何をよりどころに生きていけばいいのか。どうすれば生きる喜びが手に入るのか。誰もきちんとこたえてくれなかったのです。

そんな中で、「ブッダ＝仏」より伝えられた「ダルマ＝法」を、人に生まれ人と成るための大切な教えとして受け取り、生きる支えとした人たちは「サンガ＝僧」と呼ばれるようになりました。

その教えは海を越え、山を越え、また、言葉の違いや時代を超えて伝わりました。私たちがこの本を読んでいる「今」という時代、「ここ」という場所にまで届きました。「この私」に届くまでに、いったいどれだけ多くの人の「伝えたい」という願いがつながれてきたのでしょうか。

その願いに触れてかかげられた

南無阿弥陀仏
人と生まれたことの意味をたずねていこう
宗祖親鸞聖人御誕生八百五十年・立教開宗八百年慶讃テーマ（真宗大谷派）

という言葉をたよりに、一緒に学んでいきましょう。

親鸞聖人
（1173－1262）
平安時代末期から鎌倉時代の人。浄土真宗の宗祖。主著は『教行信証』。9歳で出家、比叡山で約20年間修行した後、29歳で法然上人に出遇い、本願念仏の道に入る。90歳で亡くなるまで、阿弥陀仏の本願を信じて生き、人間としてほんとうに生きる道を明らかにした。

第1節 生まれた意味

私たちは人間に生まれました。そこにはどんな意味があるのでしょうか。また、この私は何のためにこの世に生まれてきたのでしょうか。

聞・問・開 1

「あなたは何のために生まれてきましたか」と聞かれたらどう答えますか。みんなで話し合いましょう。

ジャン＝ポール・サルトル
（1905－1980）
フランスの哲学者、小説家、劇作家。創造主である神が存在しないという無神論の立場から実存主義を主張した。主著『存在と無』には「人間は自由という刑に処せられている」という言葉がある。

フランスの哲学者ジャン＝ポール・サルトルさんは、「実存は本質に先立つ」という言葉を残しています。言い換えると、私たちは何のために生まれてきたのか（＝本質）ということに先立って、つまりそれが決まる前に、この世に生まれてきた（＝実存）ということです。

身近にあるもので考えてみましょう。例えば消しゴムは何のためにあるのでしょうか。いろいろな考えがあるかと思いますが、一番の目的（＝本質）は字を消すためです。でも、消しゴムはこの世に誕生してから、字を消すという役割を与えられたわけではありません。目的（＝本質）が先にあって、その目的を果たす物として作り出された（＝実存）のです。

聞・問・開 2

さらに、身近にあるもので考えていきましょう。教室やあなたの家の中や、町の中にあるものを例に挙げて、その本質（＝役割や目的）を答えていきましょう。

品物など	役割や目的（本質）
消しゴム	鉛筆で書いた字を消す

ここまでみてきてわかるように、人間が作り出す物はすべて「実存に先立って本質がある」、つまり「ある目的のために生み出されてきた」と言えるのです。

しかし、人間はその逆です。サルトルさんの言うように「実存は本質に先立つ」、言い換えると「何のためにという問いに答えが与えられる前に生まれてきた」のが私たちです。

人間だけではありません。他の動物も植物も、また山や海といった自然はすべて、何のために生まれてきたのかということがはっきりする前に生まれてきたのではないでしょうか。ということは、私たちが「いったい何のために生まれてきたのだろうか」という問いを持つのは当然のことなのかもしれません。いや、持たなければならない大切な問いなのではないでしょうか。

なかなか答えの見つからない問いです。でも、「問いを持って生きる」ということが大切なのです。

聞・問・開 3

「問いを持って生きる」ということが、なぜ大切なのでしょうか。

第2節　生きる喜び

なんのために生まれて　なにをして生きるのか
こたえられないなんて　そんなのはいやだ！
　　　　　　やなせたかし「アンパンマンのマーチ」

これは皆さんが一度は聞いたことのある歌「アンパンマンのマーチ」の1番の歌詞です。小さい時は深く意味を考えずに歌っていたかもしれません。でも、今よく考えてみると、そこにはとても大きなテーマがあります。そのテーマとは第1節でみた「生まれた意味」そのものです。

では、2番の最初の部分もみてみましょう。

なにが君のしあわせ　なにをしてよろこぶ
わからないままおわる　そんなのはいやだ！
　　　　　　　　　　　　　　　　（同上）

聞・問・開4

あなたは何をしているとき、喜びやしあわせを感じますか。それはなぜですか。

私たちはさまざまなものに囲まれて生きています。しかし、よく考えてみると、身の周りにあって当たり前のように思っている物は、昔からあったとは限りません。

令和の時代ではごく身近になった携帯電話やタブレット、家庭にある電化製品や街中を走る

【出典】
テレビアニメ『それいけ！アンパンマン』のオープニング主題歌。作詞は原作者でもある、やなせたかし氏。

やなせ たかし
（1919-2013）
高知県生まれ。漫画家、作詞家。従軍や戦中の経験、戦後の深刻な食糧難の体験が「アンパンマン」が誕生した背景にある。「手のひらを太陽に」の作詞者としても知られている。

車や電車などなど。昔からあった物は改良され、また、今までにはなかったような便利な物が開発されてきました。そして世の中は、より便利で快適で豊かな社会へと変化を遂げてきました。そこには、そうすることで人はしあわせになれるという思いがあったはずです。

でも、物を手に入れるということが、生きる喜びと言えるのでしょうか。例えば50年前と比べて、多くの物を手にした私たちは、その頃よりしあわせになったと言えるのでしょうか。悩みや苦しみがなくなったと言えるのでしょうか。そもそも、しあわせを感じるのはどんな時でしょうか。

聞・問・開 5

「私はこれがあるとしあわせだ」というものやことを一人三つ答えましょう。

第3節　私として生きることが始まる

　文化人類学者である上田紀行(うえだのりゆき)さんは、現代社会に広がる問題の本質は何かという問いに、次のように答えています。

それは「生きる意味」が見えないということだ。
上田紀行『生きる意味』（岩波新書）

さらには、その原因について、

「自分が何を欲しているのか」よりも「他の人が何を欲しがっているのか」を自動的に考えてしまうような「欲求」のシステムを私たちはずっと生きてきた。
（同上）

と言われます。上田さんの言葉をたよりに一緒に考えていきましょう。
　第二次世界大戦が終わり、復興の進む日本では、新しい時代の生活必需品(ひつじゅひん)として三つの電化製品が登場します。それらは「三種の神器(じんぎ)」と宣伝され、皆のあこがれの的となっていきました。

聞・問・開6

①「三種の神器」と呼ばれ、多くの人が「それがあると生活が豊かになる」と考えた三つの電化製品とはなんだったでしょうか。

上田 紀行(うえだ のりゆき)
1958年、東京都生まれ。医学博士、文化人類学者。東京工業大学教授を経て、現在、東海学園大学特命副学長。「癒し（いやし）」という言葉を世に広めたことでも知られている。

②また、それが家庭にあることで、どのような変化が起こったのでしょうか。

　時代は進み、次に登場したのは「3C」と呼ばれた「カラーテレビ・クーラー・カー（自動車）」でした。「三種の神器」を手に入れ、これで豊かな生活が始まりしあわせになれると思っていたのに、人間の欲望は止まりませんでした。「便利で快適で豊かな」ものが、「もっともっと」という、私たちの中にあるさらなる欲望に火をつけたのです。

　仏教では人間が陥(おちい)る迷いの世界を「六道(ろくどう)（地獄(じごく)・餓鬼(がき)・畜生(ちくしょう)・修羅(しゅら)・人(にん)・天(てん)）」と表しています。その二つ目にある「餓鬼」は欲望が尽きず、あれも欲しいこれも欲しいとなってしまう人間の姿を表します。そういう世界がどこかにあるというのではなく、私たちの誰もがそういう生き方に陥る可能性があるのです。
　何も電化製品などの、新しい物、便利な物が良くないという話をしているのではありません。欲望に我を忘れると、かえって心の安らぎから遠ざかってしまう危険性があるということを忘れないでほしいのです。

　では、仮にその「心の安らぎ」がしあわせにつながるとして、それは物ではなかなか手に入らないとするならば、いったいどうすればいいのでしょうか。

よくよく考えてみると、先に見た「三種の神器」も「3C」も、「私が欲しい物」というよりは「皆が欲しがっている物」なのではないでしょうか。つまり、私たちは、知らず知らずのうちに、他人が求める物を求めていたのではないでしょうか。
　例えば、「人気のある大学ベスト10」、「今、最も流行っているゲームソフト」、「一度は行ってみたい温泉ランキング」など。世間は、そういう言葉でもって紹介される情報であふれています。そして、そういう情報をたよりに、「これこそが良い物」だと考えてしまうことが多いのです。「だって、みんながそう言っているもん」という根拠で。
　しかし、そこに「私」はいますか。

　一度立ち止まりませんか。
　「私がほんとうに欲しい物は何か」。
　「今の私にほんとうに必要なことは何か」。
　「私がほんとうにやりたいことは何か」。
　私が私として生きるためには、このような問いが大事だと思われます。私の人生が、私によってではなく、多数派の意見で決定されていってもいいと、心から言えるでしょうか。

聞・問・開 7

「私はやりたいことをやる」という生き方と、「私は私がほんとうにやりたいことをやる」という生き方はどう違うのでしょうか。

第2章 受け入れる

ここでは、私が私として生きていくために、私に与えられた「いのち」について一緒に考えていきましょう。

今から2500年ほど前、釈迦族の王の子として生まれ、後に「ブッダ」となるゴータマ・シッダールタは、生まれるとすぐに七歩あるき、次のように告げたと伝えられています。

天上天下唯我独尊

玄奘『大唐西域記』

「天上天下」は「天の上にも下にも」つまり、「この世において」ということです。また、「唯我」というのは、「誰とも代わることのできない唯一の存在である私」という意味です。そして「独尊」には、「私は生まれながらにして、何も付け足すことなく尊い存在」だという意味も含まれているようです。

その尊い存在として、私たちみんながこの世に生まれてきました。この中に、尊くない人はいません。他人から見下されていい人も、他人を見下すことが許される人もいません。皆が平

玄奘（602–664）
唐時代の僧。仏教の学びは原典によるべきと考え、国禁を犯して629年に出国。シルクロードを経てインドに至り、仏跡を巡拝、当時の仏教を学ぶ中心地にあったナーランダ大学で学んだ後、645年に多数の経典などを持って帰還。生前に多くの経典の翻訳を完成させた。「三蔵法師」として知られる。

【出典】
『大唐西域記』全12巻
玄奘がインドへの旅程で見聞きしたことを口述したもの。646年に成立。釈尊誕生を記した箇所に先の言葉は登場する。孫悟空で知られる『西遊記』は『大唐西域記』を基にした中国の小説。

等に尊い者として存在しています。私を生かそうとするはたらきである「いのち」には、上も下もないのです。

誕生仏［東本願寺］

第1節　与えられて始まった

　平等に尊い者として存在している私たちの「いのち」は、与えられたものです。誰一人として、自分で自分の「いのち」を作った人はいません。どれだけ科学が進み、どれだけの財力をつぎこんだとしても、「いのち」を作ることはできません。だからこそ、尊いのです。

　漫才師の島田洋七さんが書かれた本に次のようなお話が出てきます。
　洋七さんは子どもの頃、夏祭りの金魚すくいで手に入れた金魚を家に持ち帰りました。その金魚を入れる水槽をねだると、おばあさんが用意したのは「どんぶり」でした。なんでうちはこんなに貧乏なのかと不満をこぼした少年におばあさんはこう言いました。

金、金と言うんじゃなか。
一億円あったって、
金魚一匹つくれんばい。
　島田洋七『佐賀のがばいばあちゃん』（徳間書店）

聞・問・開 1

「クローン（遺伝子を複製して誕生した生物）」は何が問題なのでしょうか。

島田 洋七
1950年、広島県生まれ。漫才コンビB＆Bで漫才ブームを引き起こす。タレント・作家。小学1年から中学を卒業するまで佐賀の祖母に預けられ、その間の体験が『佐賀のがばいばあちゃん』として出版されてベストセラーとなり、映画化・ドラマ化された。

また、「はだかにて　生まれてきたに　何不足」という句があります。

私たちはたしかに何も身につけず裸(はだか)で生まれてきました。しかし、歳(とし)を重ねるにつれて、そんなことは忘れてしまい、あれが足りないこれが足りないという言葉が出てきます。

「いのち」は与えられるものですから、私たちは自分で作ることも選ぶこともできません。つまり、どこの国にいつ頃生まれたかったとか、両親はあの人たちがよかったなどと悩んでも仕方のないことです。でも、時に悩んでしまいます。なかなか自分を受け入れられないことがあります。

聞・問・開 2

「私は〇〇だ」という文を 10 個作りましょう。
その次に、「残念ながら、私は〇〇だ」という文を 5 つ書きましょう。

【意訳】
「あれがない」、「これもない」と不満ばかり言っているが、もともと何も持たず、はだかで生まれてきたではないか。

＜例＞
「私は12歳だ。」
「私は歌うのが好きだ。」
・・・・・
「残念ながら、
　私は数学が苦手だ」

第2節　受け入れることは難しい

　平等に尊い者として存在している私たちですが、ついつい他人と自分を比較してしまいます。何ができるかできないか、何を持っているか持っていないか、見た目はどうかなど、比べてばかりいます。そして、他人より自分の方が上だと思えた時は舞い上がり、下に思えた時は落ち込みます。

　釈尊にはチューダパンタカ（周利槃特）という名の弟子がいました。兄であるマハーパンタカ（摩訶槃特）の勧めで仏弟子となったのですが、兄が聡明であったのに対して、弟はとても物覚えの悪い青年であったと伝えられます。

　釈尊の元で一生懸命教えを聞くのですが、数ヵ月が過ぎても、大事な言葉一つさえも覚えることができなかったといいます。兄のマハーパンタカは見るに見かねて、弟子であることをやめさせようとします。自分の愚かさを歎くチューダパンタカに釈尊はこうおっしゃいました。

自分の愚かさを知る者こそ、智慧ある者です。これからは「塵をはらい、垢を除こう」と言いながら掃除をしなさい。

『根本説一切有部毘奈耶』

　それからのチューダパンタカは一心に掃除を

します。しかし、すぐに与えられた言葉を忘れ、その度に釈尊の元に聞きに行きました。覚えては忘れ、忘れては聞き、また覚え。そうして掃除をするチューダパンタカの姿をみる仲間たちは、「できの悪いチューダパンタカがまた掃除をさせられている」と笑ったそうです。

しかし、チューダパンタカは与えられた「行」である掃除を熱心に続けました。

「塵をはらい、垢を除こう」と口にしながら掃除を続けていたある日、「塵や垢というのは私の外にあるのではなく、私の心の中にあるのではないか」ということに気づきます。釈尊の元に向かい、気づいたことを伝えると、「チューダパンタカが覚った」と言って、釈尊は喜ばれたそうです。

聞・問・開3

チューダパンタカが気づいた私の心の中にある塵や垢とは何でしょうか。

第3節　受け入れることで始まる

チューダパンタカは、他人と比べて悩んだり腹を立てたり愚痴(ぐち)をこぼしたりする必要のない生き方に出会いました。それは、優越感(ゆうえつ)と劣等感(れっとう)からの解放を意味します。私たちは常に自己顕示(けんじ)と自己嫌悪(けんお い)を往ったり来たりしてしまうものです。

聞・問・開 4

あなたが優越感や劣等感をいだくこと（自慢したくなることや凹(へこ)んでしまうこと）を共有しましょう。

「諦(あきら)める」という言葉があります。「もはや希望も見込みもないとの思いで断念する」という意味で使うことが多いのですが、元々は仏教の言葉です。そこにはマイナスのイメージはなく「しっかりと見て明らかにする」という意味があります。

実業家の出口治明(で ぐちはるあき)さんは、「諦める」の意味を「現状をリアルに受け入れるということ」とし、「モチベーションは諦めることから生まれる」と言っておられます。

モチベーションとは動機のことで、やる気や意欲を意味します。何かをやりたい、前へ進みたいという思いは諦めることから始まるというのです。

出口 治明(で ぐち はるあき)
1948年、三重県生まれ。立命館アジア太平洋大学元学長。実業家、ライフネット生命保険株式会社創業者。

「特にやりたいこともないし、必要だと思うことも見つからない」などと感じたり、「何かしなければならないと思うけど、きっかけが見つからない」と言ったりすることはありませんか。

見つからない原因は、今の自分が見えていないからだと出口さんは言うのです。自分の現状が明らかになれば、今やるべきことが見えてくる。そうすると、今やるべきことをやり、今やらなくてもいいことを我慢できる私になるのかもしれません。

聞・問・開 5

ほんとうはわかっていないのに、わかっているふりをしたことはないですか。また、できないのにできるふりをしたことはないですか。もしあるとしたら、なぜそんなことをしてしまうのでしょうか。話し合ってみましょう。

第3章 聞いていく

　「人間」という言葉は人が人であり続けるために大切なことを教えてくれています。それは「人と人の間を生きる」のが人間であるから、関係を丁寧に築いていくことが大切だということです。ではどうすれば、豊かな人間関係を育むことができるのでしょうか。
　ある先生が、「人間関係は聞くに極まる」という言葉を教えてくださいました。私たちは、自分を理解してくれる人を求めるあまり、自分が話すことに一生懸命になってしまうことが多いようです。でも、ほんとうの友人が欲しければ、まずはその人の話を聞くことが大事なのです。しかし、それがなかなかできません。

　とにかく、「私の話を聞いてほしい」という気持ちが先立ってしまったり、聞きながら他のことを考えてしまったりして、目の前にいる人の話をきちんと聞くということができなかったという経験はありませんか。また、相手の話を聞いているふりをして、実は次に自分が話す内容を考えていたということはありませんか。
　エッセイストの阿川佐和子さんは、著書の中で、次のように言っています。

阿川 佐和子
1953年、東京都生まれ。報道番組のキャスターとして活躍。エッセイスト、タレント。エッセイ『聞く力』は2012年のベストセラー総合1位。新幹線「のぞみ号」の名付け親としても知られる。

「ただ聞くこと。それが相手の心を開く鍵なのです。」
そう教えられ、後ろ盾を得た気持になりました。

阿川佐和子『聞く力 心をひらく35のヒント』(文春新書)

阿川さんは対談の仕事が増え、話を聞く、または聞き出すということの難しさに悩んでおられました。質問をたくさん用意したり、相手のプロフィールを事前に調べ頭に入れたりと、少しでもいいお話を引き出せるようにさまざまな取り組みに励んだそうです。そんな時に、心理学者の河合隼雄さんと出会い、教えられたのがこの言葉でした。

ここでは、自分も相手も心を開いていく豊かな関係を築けることを願い、「聞く」ということについて一緒に考えていきましょう。

河合 隼雄
(1928-2007)
兵庫県生まれ。教育学博士、心理学者。ユング心理学と出会い、日本文化に根ざした心理療法を開発。臨床心理士や、スクールカウンセラー制度の確立に尽力した。

第1節　話を聞くことの大切さ

糸井 重里
1948年、群馬県生まれ。コピーライター、エッセイスト、タレント、作詞家。「ほぼ日刊イトイ新聞」は多数の著名人やクリエイターなどとの対談も掲載されている。

コピーライターでエッセイストの糸井重里さんはこう言われます。

> 見ることは愛情だと、かつてぼくは言ったけれど、聞くことは敬いだ。
> 聞かれるだけで、相手はこころ開いていく。
> 聞いているものがいるだけで、相手はうれしいものだ。
> それは、ずいぶん大きな仕事だと思わないか。
> 　　糸井重里『ダーリンコラム』（ほぼ日刊イトイ新聞）2010-01-25

聞・問・開 1

どんな時にきちんと「見る」、「聞く」ができて、どんな時にできないかを考えてみましょう。
その上で、「見ることは愛情」で「聞くことは敬いだ」とはどういうことか話し合いましょう。

糸井さんは「聞く」ということは、相手に対する尊敬の表れだと言います。さらに続けてこう言われます。

> 「言う」人は、聞かれたいから言ってるんだからね。
> ちゃんと聞いているかそうでないか、
> 見えるような証拠もないだけに、
> よく「聞く」か、いいかげんに「聞く」かは、
> 自己申告、自己判断なんだよ。
> マナーに近いものなのかもしれない。

だけど、よく「聞く」人と、
いいかげんに「聞く」人の差は、
あきれるほど、どんどんと開いていくものなんだ。
(同上)

聞・問・開 2

「よく」聞く人と、「いいかげんに」聞く人の差が開いていくとはどういうことでしょうか。

「聞く」ということは、関係を築く上で「大きな仕事」であるということを学びましたが、幼いころの病が原因で、その「聞く」だけでなく、「見る」ことも「話す」ことも思うようにできなかった人に、ヘレン・ケラーという方がいます。ヘレンさんは人々から「三重苦」と呼ばれるほどの「障がい」により、自分の外の世界とつながることができませんでした。しかし、人生の師であり友人であったサリバンさんと出会い、「指文字」を身につけることを通して、外界そして人とつながるようになりました。

ヘレンさんは80歳を超えたある時、インタビューの席で「聞く・見る・話す」の内、ひとつだけ叶うとしたら、どれができるようになりたいかという、少々意地悪な質問を受けます。ヘレンさんは、その問いに「聞く」と答えたそうです。その理由を求められた彼女は、「心に光が入るのは耳からだからです」と答えたと伝えられます。

ヘレン・ケラー
(1880−1968)
アメリカ合衆国の教育家、社会福祉活動家、著作家。幼くして視覚と聴覚を失ったが、指文字というコミュニケーションの手段を得てからは、それらの障がいを「苦」とせず、世界各地を歴訪して障がい者の教育・福祉の発展に尽くした。

アニー・サリバン
(1866−1936)
ヘレン・ケラーの家庭教師「サリバン先生」として知られる。自らも幼い頃の目の病から視力を失い、パーキンス盲学校に入る。その後視力を回復するが、光には弱く、常にサングラスが必要だった。

私たちは生きていると、ちょっとしたことが原因で心を痛め、関係をこじらせてしまうことがあります。まるで光の当たらない深い闇に落ち込んだような悲しい経験をすることがあります。そんな私たちにヘレンさんの言葉は、「聞くことで心に光が届くことがあります。どうか聞くことを大事にしてください」という励ましに聞こえてきます。

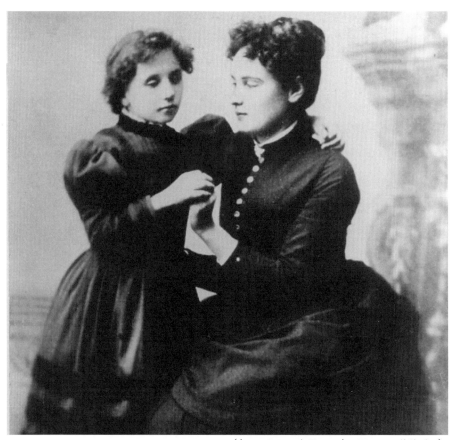

（左：ヘレン・ケラー　右：アニー・サリバン）

第2節　話を聞くことは難しい

「一句一言を聴聞するとも、ただ得手に法をきくなり。ただ、よく聞き、心中のとおり、同行にあい談合すべきことなり」と云々

　　『蓮如上人御一代記聞書』（『真宗聖典』p.1053）

聞・問・開 3

医者の息子が家で大けがをしました。たまたま休みで家にいた父親が、急いでいつも通う病院に連れて行きました。診察したお医者さんが、手術の準備に控室に戻った時、同僚のお医者さんにこうつぶやきました。
「自分の実の子どもを手術することはできない。代わってほしい」
どういうことでしょうか。人間関係を整理してみましょう。

【意訳】
大事な教えを聞く時、たった一つの言葉でさえも、私たちは自分に都合のよいように聞いてしまうものです。ですから、ただよく聞いて、心に受けとめたままを、志を同じくする仲間に開き、話しあうことで確認しなければなりません。

　人間は思い込みの激しい生き物です。また、わからない、できないということを不安に感じ、わかりたい、できるようになりたいという欲求を強く持っています。それ自体は悪いことではありません。そういう思いが人を成長させます。
　しかし、なかなか理解できないことや簡単にはできそうにないことに出会うと、身につくまで学ぶという意欲が失われ、その途中で「まあ、いいか」となってしまうことがよくあります。そんな時、知らず知らずのうちに、わかったつもり、できるふりをする私が誕生してしまいます。

安田 理深
（1900 – 1982）
兵庫県生まれ。仏教学者。金子大榮の影響を受けて親鸞聖人の教えを学ぶ。私塾「相応学舎」を主宰し、浄土教や唯識などの講義を行った。

本当のことがわからないと、本当でないものを本当にする。

　　安田理深『信仰についての対話Ⅰ』（大法輪閣）

　この言葉にあるように、「よくわからないけど、こういうことにしておこう」ということがありませんか。わからないままの自分で居続けることができず、わかったことにして次に進む。そしてそれがいつのまにか積み重なり、ほんとうは何もわかっていないのにわかったふりをして、ごまかして生きている。そんなことはないでしょうか。
　「無明」という言葉があります。「真理に暗い、ほんとうのことに出会っていない状態」のことです。しかし、私たちはわかっていないということが、わかっていないのです。問題なのは、わかっていないのにわかったつもりで生きている在り方で、それが無明なのです。

心得たと思うは、心得ぬなり。
心得ぬと思うは、こころえたるなり。

　　『蓮如上人御一代記聞書』（『真宗聖典』p.1068）

　蓮如は、「自分はよくわかっていると思っている者は、実はわかっていないのです。自分はわかっていないということに気づき、教えを聞いていこうとする者がわかっていると言えるのです」とおっしゃいます。

さらに蓮如は、そんな私たちに向けてこうおっしゃいます。

> 何(なに)ともして、人になおされ候(そうろ)うように、心中(しんじゅう)を持つべし。わが心中をば、同行(どうぎょう)の中(なか)へうちいでおくべし。
> 『蓮如上人御一代記聞書』(『真宗聖典』p.1048)

人間関係においては、自分の心得違(こころえちが)いを他の人から直してもらうように、常に心がけていることが大事だということです。そのためには、心に思っていることを、仲間に安心して開き、間違っていれば直してもらえる、そんな関係を築いておくことが大事なのでしょう。

　また、せっかく自分の考えを伝えてくれた相手の話を聞くときに、自分の考えと違うとなると、その人を責めてしまうことがありませんか。間違いを指摘(してき)しては責めるということでは、相手は安心して心を開くことができなくなって、関係が続きません。

　まずは相手が自分の胸の内を開いてくれたことに対して、尊敬の念をいだき、いい関係であることに喜びを感じることで、お互いを認め合い、関係をさらに深めていくことができていくのではないでしょうか。

　自分はきちんと聞けているのかという問いを持ち、その確かめとして聞き得たことを開示していく。まさに、「聞・問・開」という大切な流れが、人間関係を丁寧に築いていく上で求められているのです。

【現代語訳】
何としてでも、自分の間違いを、まわりの人に直してもらえるよう常に心がけているべきです。だから自分が思っていることを、仏さまの教えに生きる志(こころざし)を持つ仲間たちに開いておくべきです。

第3節　話を聞くことで始まる

　話を聞くことから何が始まるのでしょうか。それは「つながりを生きようとする私」にほかなりません。それは安心して自分を生きるということにつながります。相手の話をきちんと聞いていこうとする姿が整った時、「あなたと共に歩みたい」という気持ちが、その人にきっと伝わります。

　話を聞いてもらえる友を見つけた人に生まれるのは自信です。ここでいう自信とは、「自分を信じていいんだ。この人のことを信じていいんだ」という絶対的な安心感のことです。そのことで不安と孤独から開放され、「自分は決して一人ではない」という思いが、次の一歩を踏み出す力を与えてくれます。仮に間違った考えをいだいたり、道を踏み外したりしても、責めることなく気づかせてくれる人が近くにいるのです。失敗を恐れず、安心して前に進めるのは、「私には居場所がある」という安心感があるからではないでしょうか。居場所とは、人間関係のことでもあります。

源信（げんしん）（942－1017）
平安時代中期の天台宗（てんだいしゅう）の僧。恵心僧都（えしんそうず）とも呼ばれる。『往生要集』を著す。浄土真宗では、七高僧の第六祖。

　親鸞聖人が大事な方として尊敬された源信（げんしん）という僧侶がいました。生きる時代は異なるのですが、親鸞聖人はその方を慕（した）い、その方の教えを熱心に聞いていかれたのです。源信は「地獄（じごく）」をつぶさに見ることを通して、私たちがほんとうに生きるべき世界を明らかにされまし

た。そして地獄とはこういう世界であると述べられています。

我、今、帰するところ無く、孤独にして同伴無し

源信『往生要集』

地獄というのは「帰るところ＝安心できる居場所、関係」がなく、「同伴者＝ほんとうに私のことを理解し、ともに歩もうとしてくれる人」がいない世界だとおっしゃるのです。

聞・問・開４

①今、あなたがいる教室は、安心できる居場所になっていますか。
②なぜそう思うのですか。
③あなたの教室をほんとうに安心できる居場所にするために、あなたは何ができますか。

話をきちんと聞いてくれる人が一人もいない、間違っていても責めることなく教えてくれる人がいないとなると、なにをするにしても思い切りやるということができません。失敗したら責められるかもしれない、相手にされなくなるかもしれないとの思いは、私の心を暗闇の中に閉じ込めてしまいます。心に晴れやかな光の当たらない闇が広がると言ってもいいでしょう。そんな時には、ヘレン・ケラーさんの「心に光が入るのは耳からだからです」という言葉

【出典】
『往生要集』全3巻
源信が985年に著す。極楽に往生するには念仏するほかに方法はないと説き、日本の浄土教の基礎を築く。この書の地獄・極楽、厭離穢土・欣求浄土の思想は、貴族・庶民にも普及し、後の思想・文学に大きな影響を与えた。

を思い出してください。

　この人とはなんとなくつながれない、この人には心が開けないと感じている友の言葉に耳を傾けてください。「私であることを喜んで生きる」。そんな生き方が、「聞く」ということから始まると信じて。

第2部 「生きる」

第1章 生きる

あなたは今、生きていますか。

「そんなこと、あたりまえじゃないか。」
そう思う人もいるでしょう。では、「あなたは今、活き活きと生きていますか」と聞かれたらどうこたえますか。

聞・問・開 1

「生きる」と「活き活きと生きる」はどう違うのですか。

「いのち」は無条件で尊く、かけがえのないものです。そして、それは自分で自由に作れるものではありません。また、目に見えるものでもありません。

鳥のはばたき、駆け回る犬の姿、咲きほこる花々、そして街を行き交う人間の営み。そのすべてがいのちの姿であり、「生きている」ことです。

しかし、ここでもう一度考えてみましょう。呼吸をし、血液が流れ、心臓が動いているから「生きている」のでしょうか。食べたり、遊んだり、泣いたり笑ったりしているから「生きている」と言えるのでしょうか。「動いていること」

と「生きていること」はどう違うのでしょうか。

釈尊は亡くなられる前に、長年そばで教えを聞いてきた弟子阿難の「残された者は、これから何をたよりに生きていけばよいのでしょうか」という問いに、「自灯明法灯明」と応えられました。

自らを灯明とし、自らをたよりとして、
他人をたよりとせず、
　法を灯明とし、法をよりどころとして、
　他のものをよりどころとせずにあれ。

『大般涅槃経』

【出典】
『大般涅槃経』
釈尊の入滅（＝大般涅槃）について述べ、その意義を説く経典。

それは、決して人に流されて生きることなく、自分をたよりにして、いわば自分であることに安心して、自分として生きなさいということです。それは、自分勝手な思いで自己を肯定し、「私は正しい」という思い（＝わがまま）で生きていくのとは違います。釈尊の示された真実の教えによって照らされ、その道理によって明らかにされた自分（＝あるがまま）に気づくことが大切なのです。

聞・問・開2

① 「わがまま」と「あるがまま」はどうちがうのでしょうか。
② 「私は正しいと思い生きていく」のと「私を正しながら生きていく」のではどう違うのでしょうか。具体的に考えてみましょう。

私たちの人生は、さまざまな困難や不自由と出会わなければならないものなのです。人は必ずしも自分の思い描いた通りの人生を生きることはできません。

　しかし、その思い通りにならない現実から目をそむけることなく向き合い、わがままな自分自身に「これでいいのだろうか」と問いかけませんか。そこで、人は大切な教えと出会い、「ほんとうの人間」となっていくのではないでしょうか。その中からはじめて「活き活きと生きる」意欲がわき上がってくるのではないでしょうか。

　あなたは今、活き活きと生きていますか。

第1節　限りあるいのちを生きる

おお、美しい。実に美しい。わしは夕焼けなんて、この30年間、すっかり……
映画『生きる』(脚本：黒澤明／橋本忍／小國英雄) より

黒澤 明（くろさわ あきら）(1910－1998)
東京都生まれ。映画監督、脚本家。代表作に
『羅生門』（らしょうもん）　(1950)
『生きる』　(1952)
『七人の侍』(1954)
などがある。数々の海外の映画賞を受賞。

日本を代表する映画監督、黒澤 明（くろさわあきら）さんに『生きる』という作品があります。

市役所の課長をしている主人公は、仕事への情熱を忘れ、書類にハンコを押すだけの無気力な日々を送っています。ある日、体調不良のため休暇（きゅうか）を取り、医師の診察を受けた彼は、自分がガンで余命（よめい）いくばくもないと知るのです。

聞・問・開 3

あなたが、仮に「余命は3ケ月」と宣告されたら、どう受けとめ、何をしますか。

不意に訪れた「死」への不安と、今までの自分の「人生の意味」を見失った彼は、夜の街をさまよい歩きます。

そんな中、彼はおもちゃ工場で働く若い女性と知り合います。「子どもたちの喜ぶ姿を思い浮かべると生きがいを感じるのよ。あなたも何か作ってみたら」と言われ、その言葉に突き動かされます。「まだできることがある」と気づいた彼は、自分の「生きる」意味をかけて、住民が要望していた市民公園を完成させようと決

意します。

そして、数々の困難に立ち向かい、ついに公園を完成させた彼は、雪の降る夜、完成した公園のブランコに揺られながら息を引き取っていきます。

冒頭の言葉は、その実現のために奔走(ほんそう)する日々の中、夕焼け空を見上げながら、彼がつぶやく言葉です。

人が生きるということはどういうことなのでしょう。

私たちは、生きていることを心のどこかで「あたりまえ」のように思い、これからも無限の可能性を秘めた明るく楽しい未来が続いていくと、漠然(ばくぜん)と考えているようです。

見老病死(けんろうびょうし)。悟世非常(ごせひじょう)。

『仏説無量寿経』(『真宗聖典』p.3)

という言葉があります。

釈尊は「人は老い、病み、死んでいくいのちを生きている」ということを教えてくださいました。いのちに限りがあることを意識した時に、私たちは今生きていられることは当たり前ではないという大切な世界に出会い、自分の「生きることの意味」に出会うことができるのではないでしょうか。

【書き下し】
老・病・死を見て世の非常を悟(さと)る
【現代語訳】
老病死という身の事実に正面から向き合い、いのちあるものが永遠不変でないことを悟った。
【出典】
『仏説無量寿経』(ぶっせつむりょうじゅきょう)
浄土宗・浄土真宗において、最も大切な経典である「浄土三部経(じょうどさんぶきょう)」(『仏説無量寿経』・『仏説観無量寿経』・『仏説阿弥陀経』)の1つ。阿弥陀仏の本願の教えが説かれている。

あなたは、夕焼けを美しいと気づいたことがありますか。

聞・問・開 4

「あたりまえ」の反対は何でしょうか。

第2節　花びらは散っても花は散らない

「死なんて、悲しいことは聞きたくない」
「そんな嫌（いや）なことを、今から考えたくない」

「死」が話題になった時、多くの人がそういう思いをいだくことでしょう。

たいていの人は「人間は永遠に生きることはできない」、「私もいずれは死ななければならない」ということは知っています。でも、私たちは「死」を「暗いこと、嫌なこと」として、避けようとするばかりで、きちんと向き合うことはないようです。

聞・問・開 5

私たちはどうして「死」について考えることを、避けようとしているのでしょうか。

「死んだら今まで頑張ってきたことも、うれしかったこともなくなってしまう」、「死を考えると楽しいことも何もできない」と思われていますが、ほんとうにそうなのでしょうか。

たしかに「死」は生き物としての活動の終わりを表しています。それは、本人にとっても、周りの人たちにとっても、つらく悲しい嫌なことには違いありません。あるいは、自分にとって大切な人の死に直面し、まだその悲しみや喪（そう）失（しつ）感（かん）から立ち直れないという人もいるかもしれ

ません。しかし、もう一度ここで「死」について考えてみてほしいのです。

死んだらすべてがなくなり、何も残らないのでしょうか。

もちろん、その人の生きている時の姿とは、お別れしなければなりません。しかし、その人があなたと共に過ごした時間と、その中で共有した言葉や出来事は、今も心の中にありませんか。時には「思い出」を超えて、あなたの生き方に影響を与え続けていませんか。

一人の人が亡くなられたということは、そこに間違いなく一つの尊い人生があったということです。それはまた、亡き人を限りある「いのち」を生ききった人だと受けとめ直すことで、その方から与えられ、教えられることがたくさんあるのではないでしょうか。

花びらは散っても花は散らない。
形は滅びても人は死なぬ。
金子大榮『意訳歎異抄』（全人社）

美しく咲いた花もやがて散る時が来るように、誰にも必ず死は訪れます。しかし、花が散った後もその美しさはそれを見た人の心に残ります。同じように、時と場を共にした人からいただいた「大切なもの」は、その人が亡くなった後も必ず私たちの中に残り続けていきます。今

金子 大榮
（1881－1976）
新潟県生まれ。仏教や親鸞聖人の教えを、自らの視点で綿密に受けとめ直し、仏教思想研究に大きな影響を与えた。

【参考】
讃歌「みほとけは」
(『真宗大谷派勤行集』
P.73)
1.みほとけは
　まなこをとじて　みなよべば
　さやかにいます　わがまえに
　さやかにいます　わがまえに

2.みほとけは
　ひとりなげきて　みなよべば
　えみてぞいます　わがむねに
　えみてぞいます　わがむねに

も鮮やかなその笑顔や声と共に。

あなたの心の中に残る、亡き人が大事にされたことや、願われたことに目を向けてみましょう。

聞・問・開6

亡き人が大事にされたことや、思い出で、今もあなたの心の中にあることを話し合いましょう。

第3節　ほんとうにしたいことを求めて生きる

　人は、自分も「限りあるいのちを生きている」ということに気がついた時、問いが生まれます。それは「私は今までほんとうに生きていたと言えるのだろうか」、「私が今までしてきたことは、私が心の底からやりたいと思ってきたことなのだろうか」という問いです。

　そしてその問いにうなずけないとしたら、その理由に対してまた新たな問いが生まれます。「ほんとうにやりたいことはあるのに、違うことをしてきたのではないか」、それとも「ほんとうにやりたいことが見つかっていなかったのではないか」と。

　有名な仏教説話に「消えない灯明（貧者の一灯）」というお話があります。ナンダーは貧しく身よりのない女性で、何かをする気力もすべもなく、道端にたたずむ毎日を送っていました。

　ある日、釈尊の話を聞いたナンダーの心の中で何か熱いものが生まれます。ナンダーは当時の信仰と帰依を表す行為として、釈尊に「あかり」を捧げたいと願います。しかし、油を買うお金もないナンダーは朝から夕方まで、足を棒のようにして歩き回り、ようやく少しの食べ物をもらうことができました。ナンダーは油屋さんにその食べ物を差し出して、「どうぞ油を売ってください」と頼みます。親切な油屋さんは「食べ物はあなたが食べなさい。油はあげよう」と

言ってくれたのですが、ナンダーは「どうかこれだけは受け取ってください」と願うのです。

　ナンダーは、ようやく手に入れた「小さなあかり」を、りっぱなあかりがあかあかと燃えてならんでいるかたすみにそっと置きました。その直後、とつぜん強い嵐が町を吹き荒れ、たくさんのりっぱなあかりは一度に消えて、あたりは真っ暗な闇に包まれてしまいます。ところが、よく見るとすみに置かれた、みすぼらしく小さな一つのあかりが、強い風にも消えないで、静かに燃え続けていました。それはあのナンダーの灯したあかりでした。

　この物語は「人間がほんとうに願っていることを行動にうつして生きること」の根源的な意味を象徴しているようです。「ほんとうに納得のできる人生を生きたい」。それは、普段の生活の中に表れなくとも、心の奥底で私たち一人ひとりが持っている「ねがい」です。
　それは決して物質的な満足や、人によく思われることなどを目指す世界ではありません。

聞・問・開 7

ある人は「私はほんとうにしたいことを一つするために、いやなことを百個できる」と言いました。
またある人は「私はほんとうにしたいことを一つするために、その他のしたいことを百個がまんできる」と言いました。

この言葉を聞いてどう思いますか、話し合ってみましょう。

あなたは今、ほんとうにしたいことを求めていますか。

第2章 問う

あなたは今、「問い」を持って生きていますか。

あなたには今まで見えなかったものが見え、気づかなかったことに気づき、意識してこなかったことを意識し始めたという経験はないでしょうか。

それらのいくつかはとてもすてきなこと、すばらしいこと、生きていくエネルギーにつながったことかもしれません。また、いくつかは、ほんとうは目にしたくないこと、聞きたくないこと、受け入れたくないことであったのかもしれません。

しかし、そのいずれもが、あなたが「人と成る」ことへと導き、「ほんとうに生きること」の意味を考えさせてくれるものではないでしょうか。

聞・問・開 1

あなたの身近にある大小さまざまな「問い」について自由に話し合いましょう。たとえば、
① 「スマホのライン（メール）にはすぐに返信しないといけないのか」
② 「今流行のあの食べ物はそんなにおいしいのか」
③ 「なぜ、高校や大学に進学しなければならないのか」

④「**戦争がなくならないのはなぜなのか**」
など。

　大切なことは、それらの問いを「世の中で起こっていること」、「他人に起こっていること」として、評論家風に考えるのではなく、「自分のこと」として考えてみてほしいということです。
　なぜなら、そのことによってあなたは初めて「新しい自分」に出会い、「新しい自分」を開放し、開いていくことができるからです。

　あなたは今、自分に「問い」を持って生きていますか。

第1節　夢がかなうとしあわせなのか

　私たち人間に共通する、「問い」は何でしょうか。その一つに、「人は何のために生きるのか」という問いがあるでしょう。

聞・問・開 2

人は何のために生きるのでしょうか。

　「しあわせになるため」と答えた人もいるでしょう。「自分が思い描いた夢が実現したとき、最高のしあわせを手にすることができる」と。
　しかし、問題はその「しあわせ」の中身です。

　夢の実現に向けて、例えばみなさんの中にも、「クラブ活動で全国大会に出ること」や、「将来〇〇になるために△△大学に入ること」を夢にして努力している人も多いことでしょう。
　大谷派関係学校の卒業生に、中3の夏に陸上の全国大会出場を夢見ていた一人の女子生徒がいました。
　彼女は陸上の短距離競技（100m走）で全国大会に出場することを目標に、3年間厳しい練習だけでなく、勉強も頑張り、礼儀マナーも身につけ、掃除もすすんで行い、技術的にも精神的にもベストを尽くしていました。
　しかし、全国大会の切符がかかった標準記録まであと 0.07 秒。追い風は吹かず、陸上に懸（か）けた最後の夏が終わり、彼女の胸の中にやりきれ

ない思いが渦巻きます。
「努力が報われないこともあるんだな」、「仏さまなんかほんとうにいるんだろうか」。
しかし、そんな時、彼女はこんな詩を目にして、心を揺さぶられます。

あるく

私を見ていてくださる
人があり
私を照らしてくださる
人があるので
私はくじけずに
こんにちをあるく
　　　　榎本栄一『群生海』（真宗大谷派難波別院）

榎本 栄一（えのもと えいいち）
（1903－1998）
兵庫県に生まれる。詩人、念仏者。日常のどこにでもある光景を仏教の言葉を使わずに詠む「念仏のうた」を多数創作する。

彼女は思うのです。「夢がかなって、輝いている自分だけがすべてではない」と。
「うまくいった時のあなたも、そうでない時のあなたもちゃんと見守っている」、「悲しいことやつらいことを縁として、私に呼びかけてくれる存在」こそが「仏さま」なのだと。
夢がかなわなかった自分の中にある「大切なもの」に気づいた彼女は、新たな目標を定め、再び自分の道を歩み始めたのです。

聞・問・開 3

夢がかなわなかったことで「彼女」が気づいた、自分の中にある「大切なもの」とは何だったのでしょうか。

あなたの夢や願いごとは、ほんとうのしあわせにつながっていますか。

第2節　不自由は不幸か

「こんなはずじゃなかったのに」
「なんでこんな目にあわなければならないのか」
そんな経験はきっとみなさんにもいくつかあることでしょう。

岐阜県の飛騨高山で生まれ、明治から昭和にかけて、72年の生涯を生き抜いた中村久子という女性は、わずか3歳の時、病で両手両足を失って以来、たいへんな「不自由」を抱えて生きた人でした。

久子さんは「人間としてどう生きるのか」ということを、手足のないその体で必死に追い求めていきます。そして多くの出会いを通じてその人生を全うしていくのですが、ついに人生の中で最も大きな出会いを果たします。それは、『歎異抄』という書物から知った親鸞聖人の教えとの出会いです。

その教えと出会うことで、久子さんは「私を救ってくれたのは、両手両足のないこの私自身の体であった」と言い切ることができるようになります。

両手両足がない自分という存在から逃げるのではなく、それと向き合い、すべてを引き受けていく中で、悩みも苦しみも悲しみも「生かされていくよろこび」に変わる生き方ができるの

中村 久子
（1897－1968）
幼い頃に両手足を失いながらも、数々の苦難を乗り越え、念仏の教えをよりどころとして72年の生涯を生きぬき、「人生に絶望なし」、「どんなところにも生かされていく道がある」などの言葉を残した。

【出典】
『歎異抄』
著者は親鸞聖人から本願念仏の教えを直接聞いた門弟の唯円とされている。聖人が亡くなった後、その教えとは異なることが伝えられていることを歎き、聖人から直接聞いた真実の教えを書き記した書物。

だと、はっきりわかったからです。

　そんな久子さんが尊敬し、親交をもった人物がヘレン・ケラーさんでした。
　ヘレンさんも生後19カ月の時、病の後遺症で視力と聴力を失い、話すことにも支障をきたし、暗黒と沈黙の世界に生きることを余儀なくされます。
　しかし、家庭教師アニー・サリバンさんの献身的な教育との出会いから、触覚をみがき、指文字を覚えたヘレンさんはやがて外界とのつながりを手に入れ、自己表現ができるようになっていきます。そして、大人になった彼女は、自分に与えられた一生を障がい者の支援に捧げていきます。そんなヘレンさんは、ある時自分の障がいについて、「私は自分の障がいを神に感謝しています。自分自身と生涯なすべきこと、そして神に出会えたのもこの障がいのおかげだからです。障がいは不自由ではありますが不幸ではありません」という言葉を残しています。

　人権の尊重が強く叫ばれる現代と異なり、さまざまな差別や偏見の中を生きぬいた久子さんやヘレンさんは、当時「この世で最大の不幸」を背負っている気の毒な人と見られました。しかし、後に「この世の最大の幸福」を得た人として、人々から敬い慕われる身となっていきます。

<英文>
I thank God for my handicaps. For through them,
I have found myself, my work and my God.
A handicap is inconvenient, is not a misfortune, though.

あなたにとって「不自由」は「不幸」でしょうか。

聞・問・開 4

あなたが経験した「不自由」の例について、話し合ってみましょう。

聞・問・開 5

中村久子さんやヘレン・ケラーさんが「不自由であっても不幸ではない」と考えた理由は何でしょうか。みんなで話し合いましょう。

(左：中村久子　中央：ヘレン・ケラー)

第3節　あきらめる　～しあわせって何～

「諦める」という言葉があります。
　一般的には「夢や希望を断念する」というような、消極的(ネガティブ)な意味で用いることが多いようですが、本来の仏教用語としての「諦める」は「明らかに見る」、すなわち「真理を明らかにきわめる」という意味があります。

　晩年の中村久子さんに「ある　ある　ある」という詩があります。

　　さわやかな　秋の朝
　　「タオル　取ってちょうだい」
　　「おーい」と答える良人(おっと)がある
　　「ハーイ」という娘がおる

　　歯をみがく
　　義歯の取り外し
　　かおを洗う
　　短いけれど
　　指のない　まるい　つよい手が
　　何でもしてくれる

　　断端(だんたん)に骨のない
　　やわらかい腕もある
　　何でもしてくれる
　　短い手もある

ある　ある　ある
みんなある
さわやかな
秋の朝

中村久子『こころの手足』（春秋社）

聞・問・開 6

あなたが、自分に「ない」と思うものは何でしょうか。また、「ある」と思うものは何でしょうか。話し合ってみましょう。

明治の教育者・哲学者であり念仏の人であった清沢満之さんに、

天命に安んじて人事を尽くす

『清沢満之全集』第二巻

という言葉があります。

当時、「人事を尽くして天命を待つ」（『読史管見』）という言葉がもてはやされていました。こちらは、「やるだけのことはやった。結果は運命にまかせるしかない」という意味です。

これに対して、清沢さんの言葉は、「まず、私を生かそうとするはたらきに安心し、その上でできる限りのことをする」という意味になります。

両手両足がないという不自由な人生を通じ

清沢 満之
（1863－1903）
愛知県に生まれる。真宗大谷派の改革運動に尽力した。親鸞聖人の教えを、近代を生きる者として学び直し、明治以降の仏教界に大きな影響を与えた。大谷中学・高等学校（京都）の初代校長。大谷大学の学祖。

【出典】
『読史管見』
中国南宋初期の儒学者、胡寅（1098〜1156）の著。

て、久子さんが明らかにしたのは、「ない」のではなく「ある」という真実でした。

病気で先端を失った短い手足こそが自分の手足なのだ。他人と比べる必要のない、自分そのものなのだと、「明らかにきわめた」のです。

久子さんは「あるあるある」と言いますが、私はどうでしょうか。ほんとうに大切なものはすべて、自分と自分を支えてくれる世界の中に「ある」のに、「ないないない」といつも言っている私がいませんか。

「ない」ことにしか目が向かず、それを求め続ける生き方の中には、ほんとうの「自由」や「しあわせ」は見えてこないのではないでしょうか。

あなたは、「しあわせ」を生きていますか。

第3章 共に歩む

　あなたが今、生きていられるのは、誰かに支えられ寄りそわれて、成り立っているのではないでしょうか。

　「人間は一人では生きられない」とよく言われます。あなたのまわりにも、あなたを支えてくれる多くの人々がいるはずです。例えば、家族や、先生、先輩、友人等。
　「そういう人々の支えがあってこそ、今私はこうして生きていける」という実感や感謝の気持ちを持っている人もきっと多いことでしょう。

　しかしその一方で、みなさんはその人間関係を「わずらわしい」と感じることはありませんか。

聞・問・開 1

① 「最近、親が勉強しろ、勉強しろとうるさくて…。」
② 「あの先生、こまかいことばっかり言う…。」
③ 「親友だと思っていたのに、裏切られた…。」
など、最近人間関係で「わずらわしい」と感じることをあげてみましょう。

同じ相手を、時には「とてもいい人」だと思ったり、また時には「なんてひどい人」だと思ったりしたことはないでしょうか。

　私たちは「人にはそれぞれ個性や立場がある」ということを知っています。でも、家庭や学校でいっしょに生活をしているうちに、いつの間にか他の人も自分と同じ考え方をし、自分の考えや立場を理解してくれていて当たり前だと思い込んでしまうことがあります。

　相手が自分に同調してくれているときは、その人は私にとって「いい人」に思えます。しかし、ふとしたことでその人が自分と違う考えを持ち、自分を支持してくれないことがあると、「あの人は変わってしまった」、「裏切られた」、「ひどい人だ」と失望してしまいます。時には憎しみや嫌悪感をいだき、それがもとで人間関係が崩壊してしまうこともあります。

　もともと、自分の勝手な思い込みが原因なのに、相手にすべての責任があるように思ってしまうのです。

　その結果、共に歩むべき人を傷つけ、自分自身をも傷つけてしまうことになります。それは第1部に出てきた、

我、今、帰するところ無く、孤独にして同伴無し

という源信の言葉にある世界にほかなりません。

　ここでは、「共に歩む」ということについて、考えていきましょう。

第1節　いのちを共に生きる

　昔々、インドの山奥に一つの身体(からだ)に二つの頭を持った「共命(ぐみょう)の鳥」という、不思議な鳥が住んでいました。

　この鳥は姿かたちが美しく、言葉では言い表せないすばらしい声で鳴き、人々を魅了(みりょう)しました。

　二つの頭のうち、片方のＡの頭はいつも健康に気をつけながら、おいしい木の実を選んで食べていました。しかし、もう一方のＢの頭はＡのようにうまく木の実を見つけて食べることができなかったので、おもしろくありません。

　ねたみの心にとらわれたＢは、とうとうある日、Ａをうまくだまして、毒の実を食べさせてしまったのです。ＢはＡが苦しむ姿を見て笑いました。

　ところが、頭は二つでも身体が一つですから、やがて、身体に毒がまわると、ＢもＡとともに命を落としてしまったのです。

　Ｂは命を落とす瞬間に、Ａを傷つけ自らの滅(ほろ)びも招いた自分の行動を心から悔(く)いたそうです。

　仏さまはその姿を深く悲しみ、やがて浄土に放たれたということです。

　私たちは、活き活きと生きたいと願っています。また、自分の思い通りに生きたいとも願っています。

しかし、私がそう願っているように、隣にいる人も、同じくそう願っているということを忘れてはなりません。ともすれば、自分を輝かせるために、他者を傷つけてしまう自分がいます。仲良くしよう、いたわろう、支え合おう、手を取り合っていこう、そう思っていても、ふとしたことから、憎しみ合ったり、傷つけ合ったりするような悲しい出来事につながることもあるのです。親しい友達や家族も例外ではありません。

しかし、他者を傷つけるような行いは、すべて自分に返ってくるのです。

なぜなら、別々の人生を歩んでいるようですが、私たちのいのちは根っこのところで、しっかりとつながっているからです。ちょうどこの「共命の鳥」のように。

親鸞聖人が「和国の教主」と尊敬した聖徳太子は、

> 忿を絶ち、瞋を棄て、人の違うを怒らざれ。（中略）我、必ず聖に非ず。彼、必ず愚かなるに非ず。共に是れ凡夫ならくのみ。
>
> 『十七条憲法』第十条（『真宗聖典』p.1157）

とおっしゃいました。

また、童謡詩人の金子みすゞさんは、「傷つけ合ったり、いたわり合ったりする」私たちの

聖徳太子（574－622）

飛鳥時代に用明天皇の第2皇子として生まれる。若くして推古天皇の摂政として政治を整備した。近年は厩戸皇子（うまやどのみこ・うまやどのおうじ）・厩戸王とも表現される。親鸞聖人は仏教が日本に根付いたのは聖徳太子の力によると考え、「和国の教主」として尊敬していた。太子の仏教の事績としては、四天王寺や法隆寺の建立、「仏教興隆の詔」、『三経義疏』の著作、『十七条憲法』の「篤く三宝を敬え」などがある。

【意訳】

怒りの心を捨てよう。人が自分と違うことをしても怒ってはいけない。自分が必ずしもすぐれた人間で、相手が必ずしも愚かな人間とはかぎらない。共に凡夫、つまりいいところも、悪いところもある人間同士なのだ。

金子 みすゞ
（1903－1930）
山口県に生まれる。大正末〜昭和初期に活躍した童謡詩人。西條八十は「若き童謡詩人の中の巨星」と賞賛した。若くして亡くなったが、500余編もの詩を綴り、「私と小鳥と鈴と」はよく知られている。

日常を次のような詩にしてうたっています。

こだまでしょうか

「遊ぼう」っていうと
「遊ぼう」っていう。

「馬鹿」っていうと
「馬鹿」っていう。

「もう遊ばない」っていうと
「遊ばない」っていう。

そうして、あとで
さみしくなって、

「ごめんね」っていうと
「ごめんね」っていう。

こだまでしょうか、
いいえ、誰でも。
　　　　『金子みすゞ童謡全集』（JULA出版局）

あなたは今、心から他の人と共に生きようとしていますか。

聞・問・開2

「他者の生きる意欲を傷つけたことがある」という例について、話し合ってみましょう。

第2節　再び生まれる

若い日あなたに死ねと言った、
あの日の私を殺したい。

32歳男性『日本一短い「母」への手紙 一筆啓上』(中央経済社)

聞・問・開 3

もし仮に「人生の消しゴム」があれば、消し去ってしまいたいと思う過去の自分の言動について、皆で話し合いましょう。

　この短い文を最初に読んだ時、どきっとしたのは「死ね」、「殺したい」という過激な言葉が入っていたからということだけではないような気がするのです。

　落ち着いて読み直してみると、このわずか一文の中に親子の葛藤のドラマが隠されています。

　想像ですが、書き手は32歳の青年ですから、母親に思わず「死ね」と言ってしまったのは、中高生の時かもしれません。

　それから長い時が流れ、家庭を持ち父親になっているかもしれない、大人になった彼は「あの日」のことを思い出します。彼はさまざまな人生経験を重ねて、ようやく、母がどんな思いで自分を育ててくれていたのかを知る身となり、「あの日」の母の気持ちを思いやることができるようになったのでしょうか。

　しかし、時は戻りません。もしかすると母は

もういないのかもしれません。万感の思いを抱えた彼が、「あの日の私を殺したい」という言葉でもって「あの日に戻ってもう一度やり直したい」という心の叫びを表したのだと感じました。

親子の関係も案外難しいものです。

「お父さん、お母さんのおかげで私はこの世に誕生することができた」、「今も一生懸命育ててもらっている」。

みなさんもそのことはよくわかっている一方で、「生んでくれと頼んだ覚えはない」、「そっちが勝手に生んだんじゃないか」と言いたくなる場面が出てくることもあるでしょう。そこに親子の葛藤が生まれます。親子にとって、これは永遠のテーマなのです。

親の立場も考えてみましょう。

『仏説観無量寿経』の中にある「王舎城の悲劇」という物語に、自分の子どもに背かれ絶望のどん底に突き落とされた、一人の母の嘆きが描かれています。

我、宿何の罪ありてか、此の悪子を生ずる。

『真宗聖典』p.100

【現代語訳】
私は過去のどんな罪のために、この悪い子を産んだのか。

彼女は「私はなぜ善い子ではなく、こんな悪い子を持ってしまったのでしょうか」という問いを釈尊にぶつけるのですが、釈尊はただ黙ってお聞きになるだけです。その中でやがて彼女は外に向かっていた目と意識が自分自身に向き、自分がほんとうに願っていることに気づきます。そして「浄土」に生まれることを願う身となって救われていくのです。

ここで言う浄土とは、英語では「Pure Land」（濁りのない世界）と表現されます。「浄土」に生まれることを願う身となることで「我が子に悩む彼女」がそのままで認められ、悩みを抱えながら生きていけるようになるのです。

そのことは決して改善の努力をしないということではありません。しかし、親にとって都合の悪い子を善い子にするのではなく、子とともに自身も真実の道に生き、ほんとうの人間になりたいと心から願いながら生きていくということでしょう。

なぜなら、子どもの問題には「親の生き方」が直接的にせよ間接的にせよ影響を与えていることが多いからです。親は子どもと純粋に向き合っていくことがほんとうの子育てになるのでしょう。

浄土真宗の教えに基づく教育を実践した廣小路亨さんは、ある講演の中で「親の澄みきった心が子どもに反応するのです。あたたかく包んでやることだけです。子どもの心の中に、い

廣小路 亨（ひろこうじ とおる）
（1908－1988）
愛知県生まれ。教育者。大谷中学・高等学校（京都）の校長を1947年から1977年まで30年間務めるなど、親鸞聖人の教えに基づく学校教育に生涯を尽くした。

つの間にかこの親心が通っていくものです」と述べています。

そして、子どもの側は、その「親の澄みきった心」を感じ取っていこうとするのだと思うのです。それは、人の一生の中で最も大切なときだと思います。

でも、このような親の願いに子どもが気づくのは、冒頭の『母への手紙』にあるように、「心の成長」のための時間が、ある程度必要なのかもしれません。

わたしたちは、いわば、二回この世に生まれる。一回目は存在するために、二回目は生きるために。
ジャン・ジャック・ルソー『エミール』（岩波文庫）

人間には一生の間に二回の誕生があると言われます。一回目はお母さんのお腹から生まれる、生き物としての誕生。そしてもう一回は、「親子のつながり」を通じて、さらに大きないのちの願いに目覚めていくことです。それこそが第二の誕生、すなわち「人として再び生まれ、ほんとうの人間になること」なのだと思います。

あなたは、二度生まれたという実感はありますか。

ジャン・ジャック・ルソー
（1712-1778）
ジュネーヴ（現在はスイスの都市）に生まれ、主にフランスで活躍した哲学者。人民の自然権（自由・平等）を保証する直接民主制を理想とし、『社会契約論』を著す。その思想は「フランス人権宣言」に結実した。『エミール』は理想的な社会を実現するための、小説による教育論。

聞・問・開 4

親に対する「感謝」と「不満」をそれぞれ挙げてみましょう。

聞・問・開 5

「親として必要なこと」、「子として必要なこと」はそれぞれ何か。
親子の関係について話し合ってみましょう。

第3節　照らされて生きる

　親鸞聖人が作られた「和讃(仏の教えをわかりやすく和文で表したもの)」に次のようなものがあります。

罪障功徳の体となる
　こおりとみずのごとくにて
　こおりおおきにみずおおし
　さわりおおきに徳おおし

「高僧和讃」(『真宗聖典』p.594)

　「罪や障り(障がい、差し支え)」は、そのまま功徳(よい報い)のもとになる。その関係は氷と水のようであり、氷が多ければ多いほど、溶けたときの水は多くなる。同じように罪や障りが多ければ多いほど、後に得られる功徳も多いのだ」という意味です。

　私たちは生きていく中で、さまざまな苦難に出会います。思い通りにならない現実にぶつかって苦悩する人もいれば、予期しなかった出来事から失敗したり、過ちを犯したりして苦しむこともあります。
　しかし、どんな失敗や苦しみに出会おうとも、それは決して意味のないことではありません。それらはやがて自分を育て、「大切なもの」に出会わせてくれるきっかけになっていくのです。

■第3章　共に歩む

　真宗大谷派関係学校の中には野球部のある高等学校があります。
　ある年の夏、地方大会の決勝戦に臨んだその高校野球部は、9回表まで8—0とリードし、甲子園出場をほとんど手中にしていました。ところが、先発投手の故障交代をきっかけに9回裏に相手校の猛攻に遭い、一挙に9点を入れられサヨナラ負け。まさに悪夢のような逆転負けでした。相手チームナインが高らかに校歌を歌う中、選手たちは大粒の涙を流し、学校に戻って黙々とグラウンド整備を行ったということです。
　後に、監督は取材に応えて言います。
　「世界一、恥ずかしい負けですけど、財産には間違いない。なぜ、こうなったのかを問い続けないといけないし、ここから学ぶこともたくさんあると思って…」
　「3年生はやんちゃな子が多かったのですが、解散した後、ほとんどがリリーフした2年生に『お前のせいじゃないから』と声をかけに行った姿を憶えています」

聞・問・開6

今までに出会った思い通りにならない現実の中で、してしまった過ちや失敗の例を可能な範囲で共有してみましょう。また、そこからあなたは、どういうことに気づいたか考えてみましょう。

　浄土真宗は「他力の教え」と言われます。一

般的には「人まかせ」の意味で「他力本願（たりきほんがん）」という言い方をしますが、これは仏教の考え方ではありません。ほんとうの意味の「他力」は「安易（あんい）に他の力をあてにすること」とは違うのです。

以前にも紹介したように、清沢満之（きよざわまんし）さんに

天命に安んじて人事を尽くす

という言葉があります。
　私の思いを超えて、すべての物事を平等に支えて包んでいる願いやはたらきが「他力」と表現されるものです。すべての現象や存在を黙って支え包んでいる、そのはたらきに気づき安心した上で、自分のできることを尽くしていこう、そういう意味です。

　人が、自分に与えられた仕事や目標に向かって努力することは尊いことです。
　しかし、才能をみがき、努力を重ねた人がいつも必ず成功し、期待した通りの結果が出るとは限りません。
　「成功であれ失敗であれ、どんな結果になろうとも必ずそこから気づけること学べることがある」と知ることによって、失敗をおそれず、安心して自分の力を発揮（はっき）していくことができる世界が開けてきます。それは成功した自分だけが尊いのではなく、失敗や挫折（ざせつ）した自分の中に

も尊さを発見できる世界です。だれとも比べる必要のない自分を見つけられる世界です。それが「他力」の世界、ほんとうの「仏さま」の世界です。

　私たちは、ほんとうの「他力」のはたらきに気づくことによって、世間的な価値や物質的な豊かさを超えた、新たな世界を発見していくのだと思います。
　それは「目に見えないけれど大きな力が私を支え、目に見えないけれど確かな光がいつも自分を照らしてくれている」ということを知った上で、自分の心に「自分を生かす道」を問いかけながら、安心して「がんばれる」ということではないでしょうか。

　ちなみに前述の高校野球部は翌年、同じ相手校に9回からのサヨナラ勝ちで雪辱(せつじょく)を果たしました。

　あなたは、何かに「照らされている（光が当たっている）」と感じることがありますか。

聞・問・開 7
「自力」と「他力」の関係について話し合ってみましょう。

第3部 「生かされる」

第1章 信じる

　あなたは今、考えたり、判断したりするときに何か「たしかな」ものに基づいていますか。言い換えると、「たしかな」人や物や事を信じて生きていますか。

　私たちは、自分が力を十分に発揮し、だれかに認められていると感じている時は、周りがすべて輝いて見えます。しかし、「生きること」そのものを「つらい」と感じることもあります。
　たとえば、うまくいかない状況が続くと自信を失い、本来の自分の力が発揮できないと感じます。
　さらには、自分がだれからも必要とされていないと思ったり、自分が今ここに存在していることそのものに意味が感じられなくなったりすることさえもあるのです。
　それは、まるで暗闇の中、進むべき道がわからず一人で立ちつくすようなものかもしれません。

　『道』という、古いイタリアの映画があります。
　貧しい家に生まれ育った主人公の女性は、大道芸人の親方に連れられて旅の暮らしを続けていました。しかし、彼女は教え込まれた芸もう

まくこなせず、乱暴な親方からいつもつらい目にあわされています。

自分が美しくもなく、賢くもないことに悩み続ける彼女は、ある日出会った青年に「私はこの世で何をするためにいるの」と尋ねます。

すると青年は、「この世にあるものは、みんな何かの役に立っている。たとえば、そこにある小さな石ころだって…おれはその小石がどんな役に立っているのかわからないが、でもきっと何かの役に立っている。この小石が無意味なら、すべてのものが無意味だ。空の星だって何だって同じだ。神様だけがすべてを知っている。だからおまえだって、おれにはわからないが、きっと何かの役に立っている…」と言うのです。

聞・問・開 1

彼女は青年の言葉をどのように受け取ったでしょうか。

「何かの役に立つ」とは、一体どういうことでしょうか。

私たちはいつも「これは私の役に立つか、立たないか」を考えながら生きています。それは、「自分にとって都合が良いか、悪いか」を基準にした生き方と言っていいでしょう。

しかし考えてみると、ものごとを「私にとって価値があるもの」と「私にとって価値がないもの」に分け、「私にとって価値がないもの」は切り捨てるような生き方をする時、その「価

値がないもの」は他人から見た自分にもあてはまってしまうことがあるのです。

でも、彼が言っている「役に立つ」は、「私にとって役に立つ」ということなのでしょうか。

そうではなく、「私が存在することに意味がある」ということなのではないでしょうか。

「すべてのものには存在する意味がある」という言葉は、釈尊が誕生の時に叫ばれた「天上天下唯我独尊」(天にも地にもただ我独りにして尊し)とも響き合います。

この言葉は以前にも学んだように、「私は生まれながらにして、もともと尊い存在なのだ」という意味です。

聞・問・開 2

その「尊い存在」として生きるとはどういうことでしょうか。

存在するものすべてが無条件で尊く、かけがえのないいのちを与えられているということ。そして自分自身もその「いのち」を生きていることに一刻も早く目覚め、自分の道を歩んでいくこと。それが何か「たしかなもの」を信じて生きていくということであり、「ほんとうに生きていくこと」なのではないでしょうか。

そして、その一人ひとりに与えられた「存在の意味」を認めて支えてくれるものがあります。

それを意識した人たちは、そこに「神」を感じたり、「仏」を感じたりしてきたのではないでしょうか。そのことを通して、たとえ真っ暗な闇の中にあっても、微かな光に出会い、進むことが出来てきたのではないでしょうか。

あなたは今、自分の利害を超えた「たしかな何か」を信じて生きていますか。

聞・問・開3

「役に立つ」、「たよりになる」、「信じられる」と思う例を話し合ってみましょう。

第1節　見えないものを見る

私は物事のプロセス（過程）に意義があるという考え方はしません。目に見える結果がすべてだと思います。

かつて、そのようなことを言った中学生がいました。

たしかに現代の世の中では「よい結果」を残そうとすれば、その結果から逆算していく能力が問われるのだと思います。具体的には、どういう努力をすれば、その結果にたどり着けるのか、ということを考え、実行していく能力のことです。

ですから必然的に、無駄だと思われる活動を取りやめたり、努力や業績もできるだけわかりやすく数値化されたりするのでしょう。

例えば、受験を考えている人にとって、志望校に合格するためには、クラブ活動をあきらめたり、受験に不要な科目は選択せず、受験科目のみの点数や偏差値を上げていく努力に集中していくということでしょうか。

具体的な目標に向かって、合理的で効率のよい努力をすることはとても大切なことです。しかし、ここで少し考えてみましょう。

世の中には、自分の望んだ目標や結果を実現するためには「なりふりかまわないやり方」をする人がいます。

例えば、テストで高得点を得るために「やってはいけない行為」に手を染める人、スポーツで勝ち残るためには、スポーツマンシップからみれば「卑怯(ひきょう)な方法」もあえて行う人、仕事の業績を上げるために、人をだましたり、傷つけたりすることを辞(じ)さない人…などです。

　これらの方法は、目先の結果にこだわったり、その根底にある「世間的な評価」に振り回されたりしてのことではないでしょうか。
　もし、あなたが「他者からの評価」や「誰かによってつくられた価値観」の中で自分の希望や将来の目標を求めているのだとしたら、もう一度そのことを見直しませんか。
　今、あなたが目指している目標は、何を実現するためのものなのでしょうか。

聞・問・開 4

世間的に評価される人や能力とはどういうものでしょうか。

ここで、一つの言葉を紹介したいと思います。

「じゃあ秘密を教えるよ。とてもかんたんなことだ。ものごとはね、心で見なくてはよく見えない。いちばんたいせつなことは、目に見えない」
サン＝テグジュペリ作 河野万里子訳『星の王子さま』(新潮社)

「いちばんたいせつなことは、目に見えない」

『星の王子さま』に出てくるこの言葉を、みなさんもどこかで一度は聞いたことがあるのではないでしょうか。

聞・問・開 5

「目にはみえないけれど大切」だと思う例を話し合ってみましょう。

私たちは目に見える結果に一喜一憂するものです。

しかし、今目に見える「良いこと」は、長い目で見ると、「悪いこと」の原因になることがあります。逆に、今「悪いこと」としか思えないことが、未来の「良いこと」につながる場合もあるのです。そのことを、

人間万事塞翁が馬

という故事成語が表現しています。

テストで思っていた点数が取れなくても、その結果をマイナスととらえるだけではなく、むしろそこから得られる教訓や失敗に学ぶ力、考える力を大切にしたいものです。それによって、その人の人生が変わっていくことがあります。

部活動の試合で敗れ、目指していた全国大会には出場できなかったけれど、そのための練習や努力から得られた創意工夫や忍耐力、チームメイトとの心の絆がその人を支えていくこと

【語句】
人間万事塞翁が馬
中国の前漢時代（紀元前206〜紀元前8年）の哲学書『淮南子』に記された人間訓の1つ。
昔、塞のそばに住んでいた老人の馬が逃げたが、しばらくして足の速い馬を連れて帰ってきた。老人の息子がその馬に乗り、落馬して骨折したが、そのおかげで兵役を免れて命が助かったという故事からきている。災難や幸福は予想できず、その出来事がほんとうに幸か不幸かはわからない。だから、「安易に一喜一憂してはならない」という意味。
「人間——」とも読む。

があります。

　恋は実らなかったけれど、人をほんとうに好きになり、そのせつなさを通じて手に入れた、やさしさや強さ、思いやりの気持ちがその人を大きく成長させていくことがあるのだと思います。

　結果として思い通りにはいかなかったけれど、そのプロセス（過程）の中で学んだ「目に見えないこと」が、人としての私たちの「豊かさ」を育てていってくれるのです。

　あなたは、見えないものを見ていますか。見ようとしていますか。

聞・問・開6

みなさんは、「大切なことは目に見えない」と思いますか。もう一度考え、話し合ってみましょう。

第2節　罪と向き合う

　卒業生が久しぶりに学校を訪ねてくれました。ベビーカーに乗せた子どもをあやしながら、思い出話に花が咲きます。

　しばらくして、ふと真顔になった彼女がこんな話を始めました。

「この前、久しぶりに実家に帰った時に机の整理をしていたら、奥から1枚のポスターが出てきたの。それを広げて見たとき、心がうずいて痛くなった。

　先生、覚えてる？　中1の時、教室に1枚のポスターが貼られてたの。あの有名な猫のキャラクターの。何かの紹介のポスターだった」

「私ね、しばらく見ているうちにそのポスターが欲しくて欲しくてたまらなくなったの。それで、ある日の放課後、だれもいない教室で、そのポスターをそっとはがして、持ち帰っちゃったの…」

「家に帰って自分の部屋の壁にさっそく貼ったんだけど、なぜかうれしくないの。あんなに欲しかったポスターだったのに…」

「次の日、学校に行ったら、だれかが『ポスターなくなってるね』って言ってたけど、みんなほとんど気にしていなかった」

「私、家に帰るとすぐにポスターをはがして机の奥にしまっちゃったの…。だれも知らない私の罪。そのポスター捨てようかって思ったんだけど、残しておくことにしたの。やっぱりあ

れは忘れちゃいけないことなのよ。だって、そのことを忘れたら、私が私でなくなっちゃうって思うのよ。今子どもの顔を見てたらよけいそう思うの。先生、わかってくれる？」

「そのことを忘れたら、私が私でなくなっちゃうって思うのよ」というこの言葉は、私の胸にもがつんと響きました。同時に、自分の若い日の記憶が奔流のように頭の中を駆け巡りました。嘘をついて、自分だけが「いい子」になった少年の日や、ささいなことで母を責めて泣かせた青年の日など。

みなさんの心の中にも「痛み（罪の意識）」とともに、忘れられない記憶がきっといくつか残っているのではないでしょうか。

聞・問・開 7

あなたのこれまでの人生の中で、「痛み（罪の意識）」とともに残っている、「忘れようとしても忘れられない記憶」を、可能な範囲で共有してみましょう。

仏教に「慚愧（慙愧）」という言葉があります。

「慚」は人に羞ず、「愧」は天に羞ず。是れを「慚愧」と名づく。無慚愧は、名づけて「人」とせず

『教行信証』（『真宗聖典』p.293）

【注】
慚愧についての引用文は親鸞聖人が『教行信証』において引用している『涅槃経』の言葉。

「慚愧」の心を持つとは、その行いが「倫理道徳」に照らしてというだけでなく、「真実」に照らして恥ずかしいという意味です。
　つまり、世間にどう思われるかということも大切ですが、自分の中にある「よりよく生きたい」という心に照らしてどうなのか、ということです。自分のふるまいを自分は許せるのか、ということではないでしょうか。
　親鸞聖人は、「慚愧」すなわち「罪を恥じる心」を持たない人は、ほんとうの人間とは言えないという教えを、きわめて重く受けとめておられるのです。

　それとまさに同じことを、彼女は言うのです。
　「そのことを忘れたら、私が私でなくなっちゃう」と。

聞・問・開 8

彼女はなぜ「そのことを忘れたら、私が私でなくなっちゃう」と思ったのでしょうか。話し合ってみましょう。

　「そんなちっぽけなこと、だれも責めないよ」
　「たったそれだけのことを、大げさに考える必要なんかないよ」
　「誰も見ていないから安心」
　「私しか知らないから大丈夫」
　「もう時効」
　そういう生き方をしている「私」がいません

か。「罪と向き合う」ということは、そういう「私」の生き方そのものを問い直す営みではないでしょうか。そして、そのことが、まず「ほんとうの自分」に、そして「ほんとうの人間」になるための道になると思うのです。

彼女は最後に「今日は、先生に聞いてもらえてよかった」と言って帰っていきました。

あなたは、罪と向き合い、「ほんとうの人間」になろうとしていますか。

第3節　いのちと向き合う

　私たちは、食事の時に「いただきます」、「ごちそうさま」と言います。あれは、だれに向かって言っているのでしょう。

　私たちが食事をするということは、他のいのちをもらって自分のいのちをつないでいくということです。

　しかし、私たちの食べ物になってくれた動物や植物は、決してそのために生まれてきたわけではないはずです。

　合掌し「いただきます」、「ごちそうさま」と言う私たちの姿勢の中には、他の「いのち」をいただいて生きていかざるを得ないという現実があります。ですから、そこにはいただいたいのちに対する感謝と謝罪、また、畏敬(いけい)と謙譲(けんじょう)の気持ちがこめられているのです。

　さらには、「ごちそうさま」の「馳走(ちそう)」の由来は、「大切な人をもてなすために奔走(ほんそう)する」という意味です。

　お米や野菜、肉や魚を私たちの食卓に届けるために、実に多くの人々が、「いのち」への痛みを感じながら、日々さまざまな苦労を重ねてくださっています。

聞・問・開 9

昨日の夕食を思い出してください。その食事は何によって成り立っているのでしょうか。

ここで、私がかつて衝撃を受け、心を揺さぶられた詩を思い出しました。

大漁

朝焼け小焼けだ
大漁だ
大羽鰯（おおばいわし）の
大漁だ。

浜は祭りの
ようだけど
海のなかでは
何万の
鰯のとむらい
するだろう。

『金子みすゞ童謡全集』（JULA出版局）

　「食べる」ことと同じように、私たちは生まれながらに、いつも「明るく楽しいもの」や、「目に見える豊かさ」を追い求めて生きています。それを手に入れることが人生の目的だと考える人もきっと多いことでしょう。
　しかし、もしかすると、その「明るく楽しいもの」や「豊かさ」は、だれかの悲しみの上に成り立っているものかもしれない…そんなことを考えさせられました。
　そして、その「悲しみ」に気づくことで、人間としてより深く生きていくことにつながるの

ではないでしょうか。

そう考えると、私たちは、私たちが食べてきた「いのち」や、生きていく上で傷つけたり、犠牲(ぎせい)にしたりしてきた多くの「いのち」に対して、どう応えていったらいいのでしょうか。

私たち真宗大谷派の関係学校では、行事や合宿の会食時に次のようなことばを唱和(しょうわ)します。

◆食前のことば
　み光(ひかり)のもと　われ今さいわいに
　この浄(きよ)き食をうく　いただきます

◆食後のことば
　われ今　この浄(きよ)き食を終わりて
　心ゆたかに　力身にみつ　ごちそうさま

私が摂取(せっしゅ)した「いのち」は、私のいのちと不可分に一体化します。私たちはこれまでいただいてきたたくさんの「いのち」と共に生きているのです。ですから、いただいた「いのち」への責任があります。

「食前・食後のことば」には、そういう、「いのちからの呼びかけ」に応えていく、私たちの姿が表されているのです。

あなたは、「いのちからの呼びかけ」に耳を

傾けてみようと思いますか。それに応えようとしていますか。

聞・問・開10

私に食べられた「いのち」からのメッセージとは何でしょうか。

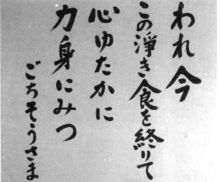

われ今
この浄き食を終りて
心ゆたかに
力身にみつ
ごちそうさま

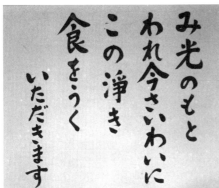

み光のもと
われ今さいわいに
この浄き
食をうく
いただきます

東本願寺　同朋会館　食堂

第2章 悲しみから開かれる

　あなたは、自分の中の「悲しみ」をきちんと見つめたことがありますか。

　これまで、この本では「驚き」を大切にしてきました。自分が今まで思い込みや決めつけで生きていたことに気づくためには、「驚き」というきっかけによって「立ち止まって考えること」が必要だったからです。
　しかし、このあたりで、再び立ち止まって考える時がやってきたようです。
　なぜなら、今この章を読んでいるあなたは、この本の最初のページを開けた時のあなたとは別の大切なものをすでに心の中にいだいているはずだからです。
　それは、「悲しみ」ではないでしょうか。
　「悲しみ」には、大きく分けて二つのものがあります。
　一つ目は「他者」への悲しみで、もう一つは「自分自身」への悲しみです。

聞・問・開 1

　私たちが、今までに「悲しみ」を感じた出来事を話し合ってみましょう。

学びたいという願いは、驚きから始まるのかもしれません。しかし、日本を代表する哲学者、西田幾多郎(にしだきたろう)さんは、

哲学の動機は『驚き』ではなくして　深い人生の悲哀(ひあい)でなければならない。
　　　　　西田幾多郎『無の自覚的限定』(岩波書店)

と言いました。

西田 幾多郎(にしだ きたろう)
(1870 – 1945)
石川県生まれ。哲学者。『善の研究』をはじめとする多数の著作を発表。西洋哲学を学び、西田哲学とよばれる独自の哲学を築いた。京都市にある「哲学の道」は西田が毎朝この道を歩いて思索に耽(ふけ)っていたことから名づけられた。

　これは、みなさんがこの本で「驚き」から学んできたことの意味を決して否定するものではありません。
　「驚き」を新鮮な出会いとして受けとめることを通じて、自分自身を問い直し、見つめ直す中で、私たちは思い通りに生きられない自分や、恥ずかしいとしか言いようのない自分の姿と向き合っていかなければならないのです。
　それはまさに、自分に対する「悲しみ」という言葉でしか表現できないものとの出会いです。そして、その悲しみによって、私たちの学びは深められていくのではないでしょうか。

　だれの心の中にも「悲しみ」はあります。
　私たちは、ともすれば人が悲しむ姿を「暗い」という言葉で安易にかたづけ、否定的にとらえがちですが、「悲しみ」を通して、はじめて見えてくる世界があるのではないでしょうか。
　そして、その中で「人は皆悲しみを抱えて生きている」ということに気づき、そういう者同

士として新しい関係が開かれてくるのではないでしょうか。

　あなたは、自分の中の「悲しみ」をきちんと見つめたことがありますか。

第1節　愛する

「愛」と聞くと、どきっとしたり、なんとなく恥ずかしい気持ちになったりする人もいるでしょう。あるいは、とても美しい、あこがれに満ちた気持ちをいだく人もいるかもしれません。

人は「愛」なしでは生きていけないと、よく言われます。言いかえれば、愛し愛されることによって人間は人間らしくなっていくのでしょう。

愛には「親子の愛」や「恋愛」など、人に対するものばかりでなく、「ものに対する愛着」など、さまざまな形のものがあると思います。

聞・問・開 2

あなたの周りにある「愛」のつく言葉と、そこにある「愛」の意味について考えてみましょう。

ここでは、「他者への愛」について考えていきましょう。

他者という存在を、その人の持つ美しさや輝き、やさしさや強さ、あたたかさと共に意識する時、その思いが心の中に大きく広がっていき、「この人と一緒にいたい」、「この人を大切にしたい」という感情がわき起こってくることがあります。

「他者への愛」について、ギリシャの哲学者

プラトン
（紀元前427－紀元前347）
古代ギリシャの哲学者。ソクラテスの弟子であり、アリストテレスの師である。主な思想として「現実世界のすべてのものが、『イデア（理念）』という永遠不変の本質に基づいて存在する」という「イデア論」がある。

【語句】
救世観音
（如意輪観世音菩薩）
正しくは「救世観世音菩薩」という。わが国では、古来より慈悲を表す菩薩として大切にされてきた。聖徳太子は救世観音の化身といわれている。

プラトンは、「精神的愛（プラトニック・ラブ）」という考え方を提唱し、肉体的なつながりよりは、精神的な「魂の響き合い」の中にこそ、もっとも崇高な愛の姿があり、それこそが理想的なのだと説きました。

たしかに、人を好きになったり、大切に思ったりする気持ちは自然なことかも知れません。しかし、一方で人間は、心地よい生き方を求めて、他者を傷つけてしまう可能性があります。「愛」には「負」の部分もあるのです。

プラトンも、そのことを理解した上で、だからこそ、「精神的愛」を求めて強く美しく生きなさい、と主張したのではないでしょうか。

「愛」が持つ「負」の部分を、仏教では「渇愛」と言います。「執着の愛」と言い換えてもいいでしょう。「執着」とは「とらわれの心」です。つまり自己中心的な愛ということでしょうか。

聞・問・開3

人を「愛する」時に生じる負の部分（マイナス面）について話し合ってみましょう。

さて、比叡山での修行に挫折し、歩むべき道を求めて、六角堂にこもった青年期の親鸞聖人は、夢の中で救世観音の言葉を聞きます。

修行者よ、恐れることなく歩みなさい。
もしもあなたが、人間として生きる上で、どうしても女性を傷つけずには生きられない身であるならば、この私（救世観音）が女性となって、あなた（親鸞）とともに、与えられた現実を受け止め、必ずや仏の国に導きましょう。

『親鸞 生涯と教え』p.49（東本願寺出版）

　これは「他者への愛」についての、親鸞聖人の思いを象徴している言葉のように考えられます。

　当時、僧の結婚は禁じられていました。しかし、おそらく聖人は、自分の中にわきあがってくる「他者を愛する気持ち」に悩み抜いたのではないでしょうか。

　身分や性別を超えて「他者」と「共に生きること」ができるのかを課題とした聖人は、やがて法然上人のこのような言葉と出遇うのです。

出家して念仏することが難しいのなら、結婚して念仏を申しなさい。結婚して念仏することが難しいのなら、出家して念仏を申しなさい。

同上 p.51

　この出遇いにより、聖人はやがて結婚し、妻の恵信尼さまと共に生きていく道を歩むことになるのです。

愛の反対は憎しみではない。無関心だ。

という言葉があります。無関心であること、他者との関わりを持たずに傍観者(ぼうかんしゃ)であることこそが「愛」の対極にあると言うのです。

たしかに、他者と関わるからこそ、「愛」だけでなく「憎しみ」も生まれてくるのでしょう。関わりを持たなければもっと楽な生き方ができるのかもしれません。

しかし、自己中心的な生き方しかできなかった私が、さまざまな出来事を通して、夫や妻や子、親や友や他者を「愛さずにはいられない」と思い、「共に生きたい」と願う時、そこにはもっと大きく深い「愛」との出会いがあるのではないでしょうか。

仏教では、それを「慈愛(じあい)」と言います。それは見返りを求めることなく、純粋に相手を愛し、慈(いつく)しむことを意味します。

人は「愛」を知った自分自身を見つめていくとき、新しい自分に出会うのかもしれません。

あなたは、だれかを愛していますか。また、誰かからの「慈愛」を感じたことがありますか。

聞・問・開 4

人を「愛する」時に生じる、プラス面について話し合ってみましょう。

第2節　認め合う

　真宗大谷派関係学校の中に、「宗教」の授業で「感話(かんわ)」という取り組みをしている学校があります。毎回授業の最初に当番の生徒が、自分の経験したことから考えたこと、感じたことを発表するという取り組みで、いわばその中で「自己を語る」という機会なのです。

　ある日、高２のクラスでその「感話」が始まって、最初の生徒が話し始めた時、先生は２番目に予定されている男子生徒の様子が少しおかしいことに気づきました。うつむいて机の下の足を小刻みに動かしているその様子から「人前で話すことに緊張しているんだな…」と先生は思いました。やがて順番が来て彼は話し始めました。

**　今日は、思い切ってみんなに聞いてほしい話をする。おれは中学の時、時間があればずっと一人でスイミングスクールに通っていた。実はおれな、中学の時にずっといじめられていた。友達も一人もいなかった。学校に行くのがつらかったけど、親に心配かけたらあかんと思って頑張ってた。スイミングスクールだけがおれの居場所やった。安心できる場所やった。この学校に来て、最初はやっぱり一人でうつむいてたけど、そんなおれに声をかけてくれる友達がいた。一緒に昼ご飯食べてくれる人がいた。遊びに誘ってく**

れる人もできた。ささいなことやけれど、朝「おはよう」って、別れに「じゃあまた明日」って言う相手がいることがうれしくてうれしくてしかたない。だから今はもうスイミングスクールに行く必要がなくなったんや。

最後に彼はみんなの顔を見ながら言いました。

ここがおれの居場所や。みんなありがとう。

聞・問・開5

この生徒の感話から感じたことを自由に話し合いましょう。

仏教に「布施（施しをすること）」という言葉があります。わかりやすく言うと、「見返りを求めずに何かを差し上げること」と言ってもいいかもしれません。でも、それは、お金や目に見える物でなくてもいいのです。差し出した側も、受け取った側も、両者が喜べる行為です。

「無財の七施」という、お金をかけなくても、心を形にできる布施が七つあると言われます。
眼　　施…やさしい眼差しで見守ること。
和顔施…和やかな表情、笑顔で接すること。
言辞施…労い、感謝、共感等の言葉をかけること。
身　　施…身体を使ってできることを行うこと。

【注】
無財の七施
『雑宝蔵経』に説かれる教え。布施行の一種で、ここでは仏教徒が心がけるべき態度を示すものとしている。

心施…願いをかけたり心で応援したりすること。
床座施…席を譲ることや居場所を提供すること。
房舎施…守る環境を用意してあたたかい雰囲気を作り出すこと。

この中の「床座施」は、もう少し詳しく言うと、「座席を詰めて他の人に座れるようにしてあげること」を言います。それは、同時にその人の存在を認め、「居場所を与えること」を意味します。

これらの施しは、本来、仏さまに対する施しのことですが、前のお話の男子高校生は、この「床座施」をはじめ、「無財の七施」の一つひとつをクラスのみんなからもらって「居場所」ができたことをみんなに告白したのです。

聞・問・開6

今までにもらった「無財の七施」について話し合ってみましょう。

ここで、以前紹介した、源信が「地獄」について述べられた言葉を思い出してみましょう。

我、今、帰するところ無く、孤独にして同伴無し

源信は、「地獄」とは「帰るところ＝安心できる居場所」がなく、「同伴者＝ほんとうに私

のことを理解し、共に歩もうとしてくれる人」がいない世界、他者との関係が成立しない世界だとおっしゃいました。

　残念ながら、世の中にはいじめや差別など深刻な問題が後を絶ちません。その根底には、自分の価値観だけを基準にして、それに合わなければ、いとも簡単にその人の存在を否定してしまいかねない私たちの姿があります。一度、自分のこととして振り返って考えてみましょう。

　前のお話の男子高校生のように、私たちもそうした「地獄」と隣り合わせで生きているのかもしれません。
　では、私たちが「地獄」を離れて、「帰るところ＝安心できる居場所」にたどり着くためには何が必要なのでしょうか。

　それは違いを「認め合う」ということではないでしょうか。なぜなら、「安心できる居場所」とは、決して私が一方通行で作るものではなく、みんなで作り上げるものだからです。

　見つめ合い、笑い合い、声をかけ合い、支え合い、認め合える世界。それはどんなに豊かな世界でしょう。

　あなたは、周りにいる人を認め、共に「居場所」を作ろうとしていますか。

第3節 開かれる

ここまで「聞・問・開」のうち、「聞く」と「問う」の意味については考えてきました。

ここでは、いよいよ「開かれる」ということの意味について考えてみましょう。

…考えることこそが、全世界を計る正しい定規になるのだとわかった時に、君は自由に考え始めることになるんだ。こんな自由って、他にあるだろうか。

<small>池田 晶子『14歳からの哲学』(トランスビュー)所収「考える[2]」より</small>

池田 晶子(いけだ あきこ)
(1960-2007)
東京都生まれ。哲学者、文筆家。「哲学するとはどういうことか」を専門用語を用いずに語り、日本語の「哲学エッセイ」を確立した。

この短い文章の中には、とても大切な三つの言葉「考えること」、「定規(じょうぎ)」、「自由」が提示されています。

聞・問・開 7

「定規」「自由」という言葉からあなたがイメージすることは何でしょうか。話し合ってみましょう。

まず「自由」について考えてみましょう。

一般的には、「自分の意志のままに振る舞い、拘束(こうそく)されないこと」、「束縛(そくばく)するものから解放されること」というイメージが強い言葉です。しかし、もともとは福沢諭吉(ゆきち)さんが英語の「liberty(あるいは freedom)」を「自らをもって由(よし)となす」と訳したのがその始まりと言われています。

すなわち、「自分の考え」を、「行いの理由」

とすることを意味しています。ここで言う「自由」とは、他者に与えられるものではないのです。つまり、「世間から求められる自分になろうとすること」ではなく、「自分がほんとうになりたい自分になろうとすること」なのです。

　次に「定規」です。本来は、物の長さや大きさを測る道具のことですが、池田さんがここで言う「定規」は、物事の値打ちを計る基準、一般的には「価値観」と呼ばれているもののようです。
　ここで大切なことは「価値観」は一人ひとり違うものだということです。各自がばらばらな定規を使ってお互いを計り合っても「正しく」計ることはできないのです。

　しかし、一方で「考えること」だけが、「全世界を計る正しい定規」になると、池田さんは言います。「既製の定規（世間の価値観）」は時代の変化と共に変わっていくものです。しかし、「考えること」は、自分を深く見つめ、「ほんとうになりたい自分」を発見すると同時に、他者に開かれ、つながっていく方法だと言うのです。

　いささか難しい話になりました。具体例で考えてみましょう。

　幅広い層の支持を得て、映画化やアニメ化もされた『君の膵臓をたべたい』という小説があ

ります。

　余命わずかと宣告された主人公の少女は、唯一心を開いてその事実を伝えた同級生の少年から、「君にとって、生きるっていうのはどういうこと」と問われ、考えた末にこう答えました。

生きるってのはね。きっと誰かと心を通わせること。そのものを指して、生きるって呼ぶんだよ。誰かを認める、誰かを好きになる、誰かを嫌いになる、誰かと一緒にいて楽しい、誰かと一緒にいたら鬱陶しい、誰かと手を繋ぐ、誰かとハグをする、誰かとすれ違う。それが生きる。自分たった一人じゃ、自分がいるって分からない。誰かを好きなのに誰かを嫌いな私、誰かと一緒にいて楽しいのに誰かと一緒にいて鬱陶しいと思う私、そういう人と私の関係が、他の人じゃない、私が生きてるってことだと思う。

　　　　住野よる『君の膵臓をたべたい』（双葉文庫）

聞・問・開 8

彼女が考えた末にたどりついた、「生きる」とはどういうことでしょうか。話し合ってみましょう。

　「考える」という行為が、自分を見つめると同時に、他者とつながることに気づかせてくれるのでしょう。

　それはまた、自分と同じ悩みや苦しみを生きている「いのちの仲間」を発見することでもあ

住野 よる

小説家、作詞家。高校時代より執筆活動を開始。2015年に『君の膵臓をたべたい』でデビュー。他の著書に『また、同じ夢を見ていた』『よるのばけもの』『か「」く「」し「」ご「」と「』』など多数ある。

ります。
　その仲間たちと語り合い、信頼関係を築いていく中で、「ほんとうに大切なもの」や「願い」を共有していける私に生まれかわっていくのです。それが、以前学んだ、

　　花開きて　蝶 自ずから来る
　　　　　　ちょうおの　　きた

という世界なのではないでしょうか。

　あなたは今、「開かれて」生きていますか。

聞・問・開 9

「悲しみから開かれる」とはどういうことでしょうか。話し合ってみましょう。

第3章 生かされる

　「いのち」は、いったいだれのものでしょうか。また、あなたは、何かに「生かされている」と感じることがありますか。ここで言う「生かされている」とは、だれかに強制されて無理矢理に生かされていることではなく、周りの人や目に見えない力によって支えられ、生かされているという意味です。

　『サンガ』vol.171（真宗大谷派東本願寺真宗会館）「お寺の掲示板」に、次のようなエピソードがあります。

　それは、ある女性の、実母(じつぼ)の介護のなかで体験された話でした。
　認知症が進み、実の娘である彼女のことはもちろん、母自身、自分が誰であるかということもわからなくなってしまった状態での介護は、疲れと絶望の日々でした。

お母さん、一緒に死のう

　「母はもう人間でなくなってしまった」と感じざるを得ない毎日に耐えきれなくなった娘さんは、ついにある夜、自分と母の手に多量の睡

眠薬を乗せてそう言います。
　そのときです。

**仏さんからいただいたいのち、
もったいないことしたらあかん。**

　もはや、「人である母」は死んだと思っていた、その母がそう言ったのです。娘さんは衝撃に打たれ、死ぬことを思いとどまります。

　母親はほどなくいのち尽きました。それから娘さんは考えます。元気な頃必ずしも信仰心が深いと思えなかった母、その母がなぜ、「いただいたいのち」、「もったいない」という言葉を口にしたのか。
　そして、もし自分が母のように自身のことさえ忘れ去ってしまったとき、自分にも母のような言葉や思いがどこかに残っているだろうか、と自問自答するのです。
　「いや、私には何も無い」。娘さんはそう思わざるを得ませんでした。
　それから、仏の教えを聞き、自らを省（かえり）みる彼女の日々が始まったのです。

聞・問・開 1

彼女の母はなぜ「仏さんからいただいたいのち」、「もったいない」と言ったのでしょうか。話し合ってみましょう。

仏さんからいただいたいのち、
もったいないことしたらあかん。

この言葉は、『本生譚（ジャータカ）』の中にある、

命はだれのものか。それは命を傷つけようとする人のものではない。命を育もう、いたわろうとする人のものなのだよ
渡邊愛子「白い小鳥」『仏典童話Ⅰ』（東本願寺出版）

という言葉と響き合います。

聞・問・開２

「いのちを傷つけようとするもの」、「いのちを育もう、いたわろうとするもの」の具体例について話し合ってみましょう。

　私たちは、自分の「いのち」は自分の所有物であり、自分の思い通りになって当然と思っています。あるいは、自分の周囲の他者のいのちに対してさえ、どこかで自分の思い通りになると考えてしまうことがあるのではないでしょうか。

　しかし、その「いのち」が、いったん自分の思い通りにならなくなった時、私たちは平気で、時に恐ろしいほど冷たく、その「いのち」を傷つけようとします。

【注】
本生譚
釈尊の前世の物語。『今昔物語集』、『イソップ童話』などに大きく影響を与えたとされる仏教説話集。

献身的な努力の甲斐もなく、認知症が進んでしまった母親は、娘さんにとって「人間であること」を否定せざるを得ない存在でした。しかし、その母が最後に発した言葉が、娘さんを死の淵から呼び戻し、「いのち」についてもう一度問い直すきっかけとなったのです。

このエピソードは、私たちに大切なことを語りかけています。それは、私たちが、私たちを「生かそう、生かそう」、「育み、いたわろう」とする願いと出会い、その願いをたずねる人間として生き方が変わる原点を教えてくれているようです。

あなたは、「生かされている」と感じることがありますか。

第1節　出会う

自己とは何ぞや　これ人世(じんせい)の根本的問題なり
『清沢満之全集』第八巻

　ある青年が、以前からよく聞いていた清沢満之さんのこの言葉に、ほんとうに「出会った」のは、大学を出て仕事も軌道に乗り始めた24歳の初夏の頃でした。
　突然、晴天の霹靂(へきれき)のような出来事が彼を襲ったのです。遺書を残して家出した父。残された負債と、寺院の後継問題。彼は次々と自分の身の上に起こる、まるでドラマのような出来事に翻弄(ほんろう)されました。その現実にたたきのめされ、彼は自分自身を見失い立ちつくしてしまいました。
　「今まで真面目(まじめ)に生きてきた自分が、なぜこんなに苦しまなければならないのだろう」。彼の前には深い闇がたちこめていました。
　まさにその時、その闇の底から彼の心に響いてくる声に彼は気づきます。それがこの言葉でした。

自己とは何ぞや　これ人世の根本的問題なり

　わかりやすく言い換えれば、「ほんとうの自分に出会うこと、それが人生で一番大切なことである」となるでしょうか。
　ではなぜ、立ちつくしてしまうほどの経験を

した彼のなかで、この言葉が大きな意味をもつようになったのでしょうか。

聞・問・開3

「ほんとうの自分に出会うこと」が、なぜ大切なのでしょうか。ここでもう一度話し合ってみましょう。

　寺院に生まれ、大学で仏教を学んだ彼は何度もこの言葉に触れる機会がありました。しかし、ここではじめてその言葉のほんとうの意味に出会ったという実感を得ます。同時に大学で学んだ仏教が、他の誰でもない自分のためのものであったことに気づいていくのです。

　**大切なことは、「ほんとうの自分」と向き合うこと。それは、「苦しみや悩み」をなくするのではなく、苦悩している自分をごまかさずに受け入れ、開いていくことだ。
　そこに立つことで、拒否したい現実を「大切なもの」として受け取っていける自分自身が育てられていくのだ。**

　清沢さんの言葉を彼はそう受けとめ、「もう一度生き直してみよう」という、自分の心の声を聞くのです。

　ほんとうの自分に出会うこと。それはまた、「人」との出会いを通じても明らかにされていきます。

私たちと同じ真宗大谷派関係学校へ進んだある男子生徒は、いつもうつむいて生きていました。級友たちと比べて学力も体力も才能も劣っているであろう自分に自信が持てず、不安でしかたがなかったのです。
　そんな彼に向かって、ある日担任の先生は、こう言いました。

君はそのままでいい。

　彼は目の前の光景がぱっと変わった気がしました。
　この言葉が「無理はしなくていい」、「努力しなくていい」という、「自分にとって都合のいい」慰(なぐさ)めではないことが彼にはすぐにわかりました。彼はその言葉を通じて、一人の人間としての自分を認め、自分以上に自分のことをわかってくれている人の存在に気づいていくのです。

聞・問・開4

担任の先生は、どういう意味で彼に「そのままでいい」と言ったのでしょうか。話し合ってみましょう。

　彼はその後、同じようなことを意味する、さまざまな言葉に出会います。それは彼の世界を広げ、深めてくれるものでした。

人間というのは、何を望んだところで、どこまでいったところで、自分以外にはなれないもの

村上 春樹(むらかみ はるき)
1949年京都生まれ。作家。『風の歌を聴け』でデビュー。『アフターダーク』『海辺のカフカ』『1Q84』『騎士団長殺し』などの長編小説、『神の子どもたちはみな踊る』『東京奇譚集』の短編小説集など著作多数。

なのねっていうこと。
　　　村上春樹『バースデイ・ガール』(新潮社)

自分が自分にならないでだれが自分になる
相田みつを『いちずに一本道 いちずに一ッ事』(角川書店)

出会わねばらない、
ただひとりの人がいる。
それは、私自身
　　　廣瀬杲『「歎異抄」のこころ』(東本願寺出版)

しかし彼の「原点」となり、その後の彼を導き、支え続けてくれたのは、やはり恩師の一言、

君はそのままでいい。

だったのです。彼はそれを、つらさや悩み、課題を認めて共有してくれる呼びかけの言葉、「ありのままの自分と向き合って生きよ」と聞いていったのです。

　あなたは、大切な人や言葉に、ほんとうに「出会った」ことがありますか。

> 聞・問・開 5

それによって「自分と向き合うことができた」という「人」や「言葉」との出会いを、共有してみましょう。

相田 みつを
　　　(1924-1991)
栃木県生まれ。書家・詩人。戦死した二人の兄、そして18歳の時に巡り会った足利市高福寺の住職との出会いが生き方、作品に影響を与えている。詩集『人間だもの』により、その名が知れ渡る。

廣瀬 杲 (1924-2011)
京都市生まれ。真宗学者。大谷大学名誉教授。同大学元学長。『真宗救済論 宿業と大悲』をはじめ、『歎異抄講話』など多くの著作がある。

第2節　いのちがあなたを生きている

　死んだら、どうなるんだろう。私はよく、そんなことを考える。（中略）死によって私の意識も、心も、何もかもが永遠に消え失せてしまうとしたら……。（中略）この恐怖からどうやって逃げたらいいんだろう。大人になったら、怖くなくなるのだろうか。（中略）生きるということは、死へ近づいていくこと。恐ろしいが、しかしそれに気づいたからこそ、この命を何かのため、だれかのために使い切りたいとも思う。死ぬ時、私は十分頑張ったと思えるような人生にしたい。そのために、私はどうしたらいい？答えを見つけるべく、いまこの時を生きていこうと思う。

『死を思うことは、恐ろしいけれど』（朝日新聞〈声〉2022年2月7日）

　この「問い」は、私たち誰もが必ず一度はいだく、大事な「問い」だと思います。
　今回は、この問いをきっかけとして考えてみましょう。

聞・問・開 6

死んだら、どうなるんだろうという問いにあなたはどう答えますか？

　ここに一編の英語による詩があります。

　"Do not stand at my grave and weep" で始まるこの詩は、『A Thousand Winds』とも呼ばれ、

作者が不明であるにも関わらず、英語圏の人々が「いのち」の問題を考える時によく取り上げられます。かつて『千の風になって』という題名で日本人の手によって訳詞と作曲がされ、有名になったこともあります。

　原詩を日本語にするとおおむね以下のようになります。

　　私のお墓の前に立ちつくして泣かないでね
　　私はそこにはいないから
　　私は眠ってはいないから
　　私は吹きわたる千の風の中で
　　やさしく舞い落ちる雪になり
　　おだやかに降りそそぐ雨になり
　　実り豊かな畑となる
　　私は朝の静けさの中で
　　優雅に円を描いて空を飛ぶ
　　美しい鳥たちの中にいる
　　夜には星の輝きになる
　　私のお墓の前に立ちつくして嘆(なげ)かないでね
　　私はそこにはいないから
　　私は死んではいないから

聞・問・開 7

① どのような人が、だれに対してこの詩を書いているのでしょうか。
② なぜ作者は「私は死んでいない」と言っているのでしょうか。
③ 人は二度死ぬといわれます。一度目は肉体的な生

命の終わりを意味します。では、二度目の死とはどういう意味でしょうか。話し合ってみましょう。

ここに描かれた「いのち」に対する畏敬(いけい)と豊かさにあふれたとらえ方は、国や宗教が違っても、共通するものがあるように感じられます。

一切(いっさい)の有情(うじょう)は、みなもって世々生々(せせしょうじょう)の父母(ぶも)兄弟なり。
『歎異抄』(『真宗聖典』p.769)

【意訳】
いのちあるものは、すべて長い歴史のなかで父母兄弟のようにどこかでつながっているのです。

この親鸞聖人の言葉にも、『A Thousand Winds』の詩にも、冒頭の「死によって、何もかもが永遠に消え失せてしまう」という受けとめとは、まったく違う世界が示されています。

たしかに一人ひとりの人間としての生命(せいめい)は、間違いなく終わりを迎える時が来るのですが、「つながっていくいのち」は決してなくならないというのです。

今、いのちがあなたを生きている
「宗祖親鸞聖人七百五十回御遠忌(ごえんき)テーマ」(真宗大谷派)

考えてみると、これはずいぶん不思議な言葉ですね。それは、「いのち」が主体となり、私たちの一般的な感覚である「私が私のいのちを生きる」とはまるで正反対の使い方をしているからでしょう。

聞・問・開 8

「私が私のいのちを生きる」ことと、「いのちが私を生きる」ことはどう違うのでしょうか。話し合ってみましょう。

　浄土真宗の仏さまは「阿弥陀如来(阿弥陀仏)」です。
　この「阿弥陀」という名前は、「はかりしれない（光といのち）」という意味です。それは、私たちを生かそう生かそうとするはたらきと、私たち一人ひとりがほんとうの自分に気づいてほしいという願いもあらわしています。
　ですから、私たちのいのちは、その阿弥陀さまのはかりしれない「はたらきや願い」の中で生かされ、つながっていくのです。

　ここで、以前に学んだ二つのことを思い出してみましょう。

「いのち」は決して自分では作ることができず、もたらされるものだということ。

時と場を共にした人との経験は、その人が亡くなった後も私の中に残るということ。

　そう考えると、この世界にある「いのち」は死によってなくなるのではなく、「今を生きている私たち」と共に存在し、私という存在を

貫(つらぬ)いて、永遠の過去から未来へと受け継がれていくものかもしれません。

今、「いのち」はあなたを生きていますか。

東本願寺　阿弥陀堂

第3節　生かされて生きる

　私たちの本山、東本願寺（真宗本廟）では、毎年11月に勤まる「報恩講」の中で、関係学校の生徒数名に「感話」をしてもらうことになっています。
　ある年の感話に選ばれた一人の女子生徒は、悩み抜いた後で、学校でいつも歌う『恩徳讃』の話を始めます。

如来大悲の恩徳は
　身を粉にしても報ずべし
師主知識の恩徳も
　ほねをくだきても謝すべし
　　　　　「正像末和讃」（『真宗聖典』P.617）

　彼女は最初「どうして身を粉にしたり、骨をくだいたりして感謝しなければならないのか」と不思議に思います。そして「宗教」の時間の学びから、親鸞聖人が出遇った「阿弥陀さま」が「苦しみもがく人や、前向きに生きられない人も決して見捨てない存在」であると理解するのです。親が「輝いている私」だけでなく、「落ち込んでいる私」も無条件で支えてくれているように……

　私は、はっと気づきました。「阿弥陀さま」とはまさに親そのものだということを。
　誰もが両親からいのちを与えられ、育まれてき

【語句】
報恩講
親鸞聖人の御祥月命日に勤まる法要。真宗門徒にとっては、1年でもっとも大切で中心となる仏事。

ました。それはまさに「いのち」をつないでいくリレーのようなものです。親鸞聖人はその一番もとにある大きないのちを「阿弥陀さま」と呼ばれたのでしょう。

そして『恩徳讃』には、その「与えられたいのちの願い」に応えて生きる人の姿が表されているのだ、と彼女は気づいていきます。

「如来大悲（仏さまの願い）」に触れて、恩徳を感じるということは、互いに違いを認め合い、自分が自分であることに安心して、共に喜んで生きていける世界が開かれていくことを意味します。
　「師主知識」とは、その出会いをつないでくれるさまざまな「ご縁となる人」を指します。
　例えば親子関係においては、時に子が親の「師主知識」になることもあるのです。

　廣瀬 杲（ひろせ たかし）さんの『いのちの願いをたずねて』（文栄堂書店）という本の中に、次のようなお話があります。

　難病により、余命わずかと診断された少年。母は何とか助かってほしいと願いを込めて看病していました。
　ある日、少年は母の方を向いてこう言います。

お母ちゃん、ぼく死んだらどこへ行くの。

母はどきっとしましたが、自分にも言い聞かせるように「そんなことを言うものじゃないのよ。もうじきになおるんだから」と答えます。彼はさびしそうに笑って目を閉じます。

　何回か同じことが繰り返された後、とうとう耐えられなくなった母は思わず「坊や、死んだら仏さまの国へ行くんだよ」と言ってしまいます。すると彼は、

ああそう、仏さまの国へ行くの。じゃお母さんも来るね。ぼく待ってるよ。

とにっこりほほえんだそうです。
　一週間後、少年は亡くなりますが、その日から母はほんとうに真剣に仏教の教えを聞き始めたそうです。

私が仏さまの国へ行く人間にならないならば、坊やに嘘を言ったことになる。だから私はどうしても仏さまの国へ行く、そういう人間にならなくちゃならないのです。

　『恩徳讃』には、「願い」と「ご縁」によって生かされ、導かれ、「ほんとうの教え」に出遇った親鸞聖人の喜びが表現されています。
　親鸞聖人は、法然上人という「ほんとうの師」を通して、「ほんとうの教え」に出遇い、「ほんとうの自分」に出遇われました。
　そして、それはまた前半の女子生徒や後半の

母親のように、私たち一人ひとりの「出遇い」でもあるのです。

　相田みつをさんに「その人」という詩があります。

　　その人の前にでると
　　絶対にうそが言えない
　　そういう人を持つといい

　　その人の顔を見ていると
　　絶対にごまかしが言えない
　　そういう人を持つといい

　　その人の眼を見ていると
　　心にもないお世辞や
　　世間的なお愛想は言えなくなる
　　そういう人を持つといい

　　その人の眼には
　　どんな巧妙なカラクリも通じない
　　その人の眼に通じるものは
　　ただほんとうのことだけ
　　そういう人を持つがいい

　　その人といるだけで
　　身も心も洗われる
　　そういう人を持つがいい

人間にはあまりにも
うそやごまかしが多いから
一生に一人は
ごまかしのきかぬ人を持つがいい

一生に一人でいい
そういう人を持つといい
　　　相田みつを『にんげんだもの』（文化出版局）

あなたは今、「願い」と「ご縁」に気づいて生きていますか。
「生かされて」生きていますか。

東本願寺　御影堂

おわりに

東本願寺　御影堂門

これまで学んできて、少し「学び」のイメージが変わったでしょうか。学ぶ前には、学んだ後にどうなるのかはわかりません。しかし、今学んだり考えたり話し合ったりしているその先には、何か大事なことがありそうだという、いわば「予感」がありませんか。学ぶことで、視野が広がったり、今まで見過ごしていたものに気づいたり、驚きや発見があったことと思います。それは、自分が自由で豊かになっていく歩みです。

　国連のユネスコという機関が「学びの四本柱」を発信しています。それは① learning to know（知るための学び）② learning to do（できるための学び）③ learning to live together（ともに生きていけるための学び）そして ④ learning to be（人間存在を問い確かめるための学び）です。この宗教の時間には、特に③、④について、学び確かめたと思います。

　「学び」は、まず謙虚（けんきょ）に、つまり自分はよく知らない者であるという自覚をもって、聞く、または知ろうとするところに成立します。わかりたい、知りたいという求める意欲が「学力」です。そして「聞く」という営みは、相手に対して自分の位置を低くすることで成り立ちます。ちょうど水が高いところから低いところへ流れるように、相手からの言葉が聞く私に流れ込んできます。するとそこで、さらに学びたいこと、「問い」が出てきます。

　「弟子の準備ができると師が現れる」という

言葉があります。「学びたい意欲」が熟したら、「学べる」のです。そして、学んだこと、その中で感じ気づいたこと、確かめたいことを、他者に開き、やりとりすることで、確かめられたり整理されたりしていきます。「聞く・問う・開く」意志が「学力」だと言い直してもいいでしょう。

聞・問・開 1

① 「弟子の準備ができると師が現れる」という言葉はどういう意味でしょうか。
② 「聞く・問う・開く」意志がどうして「学力」だと言えるのでしょうか。

「当然」、「当たり前」と、疑うこともなかった身近に起きているさまざまなことを、「ほんとうにそうか」と問い確かめる。物事を判断するときに、「みんな」が無意識のうちに用いている「物差し(ものさ)」は、それを使う人のその場その場の都合で変わります。そして、必ずしも正しくありません。意味や価値がないものと決めつけて、顧(かえり)みなかったことが、実は大事なことに気づかせてくれますし、そのことから学び、そのことに育てられるということがあります。

人間として生まれたいのちが、いつか自分のことを「私」と自覚し、私として生きるようになります。その私は今「無有代者(むうたいしゃ)」、つまり誰とも代わることのできない人生を生きていま

す。同時に、さまざまな関係の中に身を置き、影響を受けたり与えたりしながら進んでいきます。

　「私」は、英語では"I-my-me"という変化形があります。いつも主格"I"としての私を中心に、「私」を考えているかもしれませんが、何を所有（自分のモノに）したいと考えているのかという"my"の方向から考えることもできます。また、「私が」と言う前に、すでにその「私のために」、「私のことを」ということ"me"が先だってあるのではないでしょうか。つまり、「私」が成り立つ前提というか、私を支えている何か、これまで私と関わってくれた方々があってはじめて「私」が成り立つのでしょう。

　ブッダ（釈尊）が覚（さと）った真理は「因（いん）は縁（えん）に触れて果（か）となる」、「現象や存在物は互いに補い合って成り立っている」という「縁起法（えんぎほう）」です。私たちは、縁次第でどんなことも起こしてしまう可能性をもって生まれています。そして、出会う縁に影響されながら生きています。人生は予想通りには進みません。思い通りにはならないのです。このことから「人生は苦である」と言われます。そしてその苦は、思い通りでありたいという自分中心の欲と、そのことへの無自覚から起こると教えられます。また同時に、世界は因縁（いんねん）によって常に変化し続けます。

　そういう、思い通りに生きられない者同士が、それぞれ私として、他者と共に生きるのです。

そこで大事なことは、自分を知り、開くことです。そして価値観や世界観の異なる他者を理解しようと身を乗り出すことです。

その学ぶ姿勢を、「自己を見忘れた歩み」になっていないか意識しながら、これからもずっと続けてほしいものです。そのことが自分の人生に広がりや高さ深さをもたらし、他者とつながることになっていきます。

[凡例]

本文中の『真宗聖典』とは、東本願寺出版（真宗大谷派宗務所出版部）発行の『真宗聖典　第二版』を指します。

[掲載写真クレジット]

- ■P・10　『蓮如』・『善導』真宗大谷派
- ■P・17　『親鸞聖人（熊皮御影）』奈良国立博物館
- ■P・18　『Jean-Paul Sartre In1966-』
　　　　　Dominique BERRETTY／Gamma-Rapho：Getty Images
- ■P・21　『やなせたかし』（公財）やなせたかし記念アンパンマンミュージアム振興財団
- ■P・26　『玄奘』東京国立博物館／Image: TNM Image Archives
- ■P・35　『河合隼雄』河合隼雄財団
- ■P・37　『ヘレン・ケラー』、P・38『ヘレン・ケラー、アニー・サリバン』
　　　　　社会福祉法人　東京ヘレン・ケラー協会
- ■P・40　『安田理深』相応学舎
- ■P・42　『源信』真宗大谷派
- ■P・49　『黒澤明』株式会社　黒澤プロダクション
- ■P・53　『金子大榮』真宗大谷派
- ■P・61　『榎本栄一』真宗大谷派難波別院
- ■P・63　『中村久子』中村久子女史顕彰会
- ■P・65　『中村久子、ヘレン・ケラー』京都府立盲学校
- ■P・67　『清沢満之』清沢満之記念館
- ■P・73　『聖徳太子』真宗大谷派
- ■P・74　『金子みすゞ』金子みすゞ著作保存会
- ■P・77　『廣小路亭』大谷中学・高等学校［京都］
- ■P・78　『Portrait De Jean-Jacques Rousseau』
　　　　　Heritage Images／Hulton Archive：Getty Images
- ■P・103　『西田幾多郎』石川県西田幾多郎記念哲学館
- ■P・106　『Bust of Plato』Universal History Archive／Universal Images Group：Getty Images
　　　　　『救世観音（如意輪観世音菩薩）』紫雲山頂法寺六角堂
- ■P・114　『池田晶子』NPO法人わたくし、つまりNobody
- ■P・121　　Shutterstock／アフロ
- ■P・125　『相田みつを』相田みつを記念館

生まれる　生きる　生かされる

■編著　　真宗大谷派学校連合会教科書編集委員会
　編集委員　真城　義麿（真宗大谷学園）
　　　　　　乾　　文雄（大谷中学・高等学校【京都】）
　　　　　　髙田　正城（京都光華中学・高等学校）
　　　　　　佐藤　智行（大谷中学・高等学校【大阪】）
　　協　力　一柳　智史（名古屋大谷高等学校）
　　　　　　大間　　実（東大谷高等学校）
■デザイン　株式会社アイワット
■イラスト　株式会社Cotton's　大塚　悦子

小さな命に大きな願い

真宗大谷派学校連合会

2025年3月1日　第1刷発行

■発行者　木越　渉
■発行所　東本願寺出版（真宗大谷派宗務所出版部）
　　　　　〒600-8505 京都市下京区烏丸通七条上る
　　　　　TEL（075）371-9189　FAX（075）371-9211
　　　　　Eメール shuppan@higashihonganji.or.jp
■印刷所　株式会社アイワット

ISBN978-4-8341-0698-5 C1015

乱丁・落丁本の場合はお取り替えいたします。
本書を無断で転載・複製することは、著作権法上での例外を
除き禁じられています。